序

走進琳瑯萬軸的古代文化藝術寶庫，我們常常會發現到處點綴著一串串晶瑩的瑰寶，它就是古人所留下的小故事。

這些小故事的發生，可能是寓言，可能是外交遊說，進諫釋疑，促膝談心，論說道理；若以時空觀念而論，上至堯舜，下抵明清，五湖四海，無所不至。這些文字片段既有深入淺出的人生哲理，也有詼諧幽默的生活情趣，大都簡捷明快，情理並茂，讀來妙趣橫生，頗能使人震聾發聵，回味無窮。

本書選材自經傳、史冊，也從傳奇、筆記中援引，角度多方；每一則故事，先示原文，再加意譯，並穿插中外名人的嘉言，詮釋故事的精義，探尋不同文化的價值領域；翻讀每則故事，或神怡，或凜然，或警惕，都使人對處世的生活經驗多一份啓發。

看到湍湍的流水，孔子慨嘆「逝者如斯夫，不舍晝夜。」蘇東坡夜遊赤壁，有「物與我皆無盡」的朗悟；生活在這個哲人奧登所謂的「焦慮的時代」，現代人卻整天惶恐於不知如何安頓身心？就讓我們穿行過一個個故事，點燃哲人的處世智慧，從中汲取寶貴的人生睿智，也找尋自己面對世界，面對人生的窗口，造就一個充實、向上、富麗的人生！

目次

作者序

卷一・立志與修身

018 四方之志／明《讕言》曹安
020 鳳凰腐鼠／先秦《莊子》莊周
022 閒原／漢《古文苑》毛萇
024 四知／南朝宋《後漢書》范曄
026 寧作我／南朝宋《世説新語》劉義慶
028 楚弓得楚／先秦《孔子家語》孔丘
030 支離不廢／先秦《莊子》莊周
032 鴻鵠之志／漢《史記》司馬遷
034 三鏡／唐《隋唐嘉話》劉餗
036 楊父繼盛／清《明史》張廷玉
038 王恭無長物／南朝宋《世説新語》劉義慶
040 三世不遇／漢《漢武故事》
042 魯廟怪壺／先秦《荀子》荀況
045 鐵杵磨針／明《潛學集》鄧元錫

卷二・情感與交友

卷三・哲理與生死

190 杞人憂天／先秦《列子》列禦寇
192 鵲巢扶枝／漢《淮南子》劉安
194 柳絮因風起／南朝宋《世說新語》劉義慶
196 有待有煩／南朝宋《世說新語》劉義慶
198 不材之福／先秦《莊子》莊周
200 隱者三樂／先秦《列子》列禦寇
202 塞翁失馬／漢《淮南子》劉安
204 頭尾爭大／南北朝《雜譬喻經》鳩摩羅什
206 材與不材／先秦《莊子》莊周
209 水中看來生／佚名
211 阮光祿焚車／南朝宋《世說新語》劉義慶
213 漢世老人／三國《笑林》邯鄲淳
215 齊人攫金／先秦《列子》列禦寇
217 好詬食者／明《郁離子》劉基
219 三人成虎／先秦《韓非子》韓非
221 大樂與大苦／宋《資治通鑑》司馬光
223 鮑氏之子／先秦《列子》列禦寇

卷四・處世與學習

294 富翁借牛／清《廣談助》方飛鴻
296 善泳者忘水／先秦《莊子》莊周
298 太陽的聲音／宋《蘇軾文集》蘇軾
300 南郭處士／先秦《韓非子》韓非
302 以手擊賊／宋《資治通鑑》司馬光
304 驕者致敗／先秦《莊子》莊周
306 五十笑百步／先秦《孟子》孟軻
308 受炙人／南朝宋《世說新語》劉義慶
310 趙人患鼠／明《郁離子》劉基
312 螳螂捕蟬／漢《說苑》劉向
314 鴻鶴頸項長／宋《太平廣記》李昉
317 虎帶長生枷／清《隻麈譚》胡承譜
319 梟將東徙／漢《說苑》劉向
321 盜與毆／先秦《尹文子》尹文
323 不喜高帽／清《笑笑錄》獨逸窩退士
325 蛇神／先秦《韓非子》韓非
327 三虱爭訟／先秦《韓非子》韓非

卷一

立志與修身

人生在世短短數十載，
不要因爲追求世俗的名譽，
而迷失了天然的本性。

四方之志

明《讕言》曹安

用微笑去照亮生命的隧道，我們會看見人生的奇蹟和寶藏。

——里爾克

原文

子高游趙。平原君客有鄒文、季節者，與子高相善。及將還魯，諸故人訣，既畢，文、節送行三宿；臨別，文、節流涕交頤，子高徒抗手而已。分背就路。其徒問曰：「先生與彼二子善，彼有戀戀之心，未知後會何期，悽愴流涕；而先生厲聲高揖，此無乃親親之謂呼？」子高曰：「始焉，謂此二子丈夫爾，乃今知其婦人也。人生則有四方之志，豈鹿豕也哉而常聚乎！」其徒曰：「若此，二子之泣非耶？」答曰：「斯二子，良人也，有不忍之心，若取於斷，必不足矣。」

譯文

子高到趙國遊歷。平原君的門客中有鄒文、季節兩位跟他相好。等到子高要回到魯國，老朋友們都來送別，送別儀式結束後，二人又伴送了三天；臨分手時鄒文、季節淚流滿面，而子高只是拱拱手罷了。分開以後各自上路。弟子問道：「先生跟那兩位先生相好，他們臨別時有戀戀不捨的心情，不知道多久才能再見，所以悲傷地哭了；可是先生呢，說話嗓門照常高亢，只是拱拱手而已，這恐怕不是對朋友的親切吧？」子高回答道：「起初，我以爲他們是男子漢大丈夫，現在才知他們像女人啊！人活著就該志在四方，哪能像鹿豬一樣地常聚呢？」弟子又問：「如此說，他們兩位哭得不對了？」子高答道：「這兩人都是好人啊，他們有一種慈悲心，但若從果斷方面要求他們，肯定是不夠的。」

心靈哲思

好男兒志在四方，青年人應當勇敢地到社會上去經風雨見世面，去鍛鍊自己的堅強意志，創造自己的美好事業。

鳳凰腐鼠

先秦《莊子》莊周

生活本身並非最重要的事，而是要活得美好，有理想。

——蘇格拉底

原文

惠子相梁，莊子往見之。或謂惠子曰：「莊子來，欲代子相。」於是惠子恐，搜於國中，三日三夜。莊子往見之，曰：「南方有鳥，其名鵷雛，子知之乎？夫鵷雛，發於南海；非梧桐不止，非練實不食，非醴泉不飲。於是鴟得腐鼠，鵷雛過之，仰而視之曰：嚇！今子欲以子之梁國而嚇我邪？」

譯文

惠子在魏國當宰相，莊子去看他。有人告訴惠子說：「聽說莊周已經來到大梁，國王可能準備解除你的相位，而重用莊周。」惠子信以爲眞，派人大肆搜索梁國三天三夜，追尋莊子的蹤跡。

後來莊子知道了，便去看他，說：「惠施，你知道有一種鳥吧？牠的名字叫鳳凰。這鳳凰出生於南海，當牠飛到北海去時，不是梧桐樹不棲息，不是竹實不吃，不是甘泉不喝。誰知在北海遇到一隻貓頭鷹，嘴裡銜著一隻死老鼠，正在志得意滿時，看見鳳凰飛過，大聲的叫著說：嚇！不要搶我的。」

心靈哲思

人生在世短短數十載，不要因為追求世俗的名譽，而迷失了天然的本性。

閒原

漢《古文苑》毛萇

生活中最重要的是有禮貌，它比最高的智慧，比一切學識都重要。
——赫爾岑

原文

虞、芮之君相與爭田，久而不平，乃相謂曰：「西伯仁人，盍往質焉？」乃相與朝周。入其境，則耕者讓畔，行者讓路。入其邑，男女異路，班白不提挈。入其朝，士讓為大夫，大夫讓為卿。二國君相謂曰：「我等小人，不可履君子之庭。」乃相讓所爭地以為閒原。

譯文

虞、芮兩國的國君互相爭奪田地，長久以來一直不能和平相處，於是兩個人商量說：「西伯文王是一個仁德賢者，我們何不去請教他？」

於是兩人就一同去朝見周文王。一進入周的國境，就看到耕田的人都讓出田畔，行人互相讓路。再進入國都，行人男女有別，頭髮斑白的老年人不用提東西，一切都有年輕人代勞。等到進入朝廷一看，士人禮讓別人當大夫，而大夫也都禮讓別人當上卿。

虞、芮兩國的國君非常慚愧地說：「我們這種小人，沒有資格踏進君子的朝廷。」於是回去後，就互相禮讓出紛爭的土地。空出來的地，就叫做「閒原」。

心靈哲思

禮貌教養是一種美德，在每一個地方它都像陽光一樣受歡迎。

四知

南朝宋《後漢書》范曄

心境的美才是最美的。

——柯克

原文

楊震舉茂才，四遷荊州刺史、東萊太守。當之郡，道經昌邑，故所舉經荊州茂才王密為昌邑令，謁見。至夜，懷金十斤，以遺震。震曰：「故人知君，君不知故人，何也？」密曰：「暮夜無知者。」震曰：「天知，神知，我知，子知。何謂無知！」密慚而出。

譯文

楊震年輕時好學，經常客居在湖城縣，幾十年中不理睬州郡對他的禮聘，直到五十歲才開始在州郡作官。

大將軍鄧騭聽說楊震才德兼備，就召他爲官，推舉爲茂才，多次升任荊州刺史、東萊太守。當他前往東萊郡就任時，途經昌邑城，先前被他薦舉過的荊州秀才正擔任昌邑縣令的王密，前往下塌處拜見他，談到夜裡，王密懷揣著黃金十斤要送給楊震。

楊震問道：「我們算是老朋友了，但是我很了解你，你卻不了解我，你這樣做是爲了什麼？」王密見楊震推辭，便說：「請你千萬收下吧！現在正是夜裡，這件事沒有人知道的。」楊震十分嚴肅地說：「天知道，地知道，我知道，你知道。怎麼可以說沒有人知道呢？」王密這才了解楊震的清正廉潔，而十分慚愧地離去。

心靈哲思

雖重金而不受，雖夜暗而不納賄，是以良知為判斷的高尚君子。

寧作我

南朝宋《世說新語》劉義慶

人生的價值，是由人自己決定的。

——盧梭

原文

桓公少殷侯齊名，常有競心。

桓問殷：「卿何如我？」

殷云：「我與我周旋久，寧作我。」

譯文

桓溫與殷浩從小就彼此認識，一起遊玩。長大後分別從政，各有發展，都是當時社會上的知名人物。

桓溫知道自己與殷浩的名聲差不多，所以常常存著爭勝的心理。他這時志得意滿，就問殷浩：「你跟我相比，大概不行了吧？」

殷浩回答說：「我和我自己來往已經很久了，我還是寧可做我自己。」

心靈哲思

何必羨慕別人？每個人都有自己的性格與成長經驗，不論遭遇是好是壞，喜怒哀樂都是自己在承受與體會。與其崇拜別人，不如藉此激發潛能，相信「天生我材必有用」，腳踏實地跨出每一步。

楚弓楚得

先秦《孔子家語》孔丘

大道之行也，天下爲公。貨惡其棄於地也，不必藏於己，力惡其不出於身也，不必爲己。

——孔子

原文

楚恭王出遊，亡其烏號之弓。左右請求之。

王曰：「止，楚人亡弓，楚人得之，又何求也？」

孔子聞之，曰：「惜其不大也。人遺之，人得之，何必楚？」

譯文

楚恭王好打獵，一天在圍場裡追逐一頭野獸，縱馬飛奔，回來時才發現自己一張心愛的寶雕弓遺失了，非常懊惱。

他的隨從們安慰他說：「大王，你還記得大約在何時何地遺失的嗎？我們替你找回來。我想，圍場附近的老百姓是沒有膽量隱藏大王御用弓箭的。」

恭王釋然地說：「算了，楚王遺失一張寶雕弓，大不了還是楚人撿去的，何必麻煩尋找呢？」此事過後，人人稱讚恭王「寬宏大量」。

孔子聽到這件事，非常感歎地說：「度量還不夠寬宏啊！如果改一個說法，說『人遺失了弓，人拾得了弓』，多好！添一個『楚』字，多麼小氣。」

心靈哲思

凡事要以廣大的胸襟看待，則大我之「我」與小我之「我」其實是一線之隔、無所分別的。

支離不廢

先秦《莊子》莊周

一個缺口的杯子，如果換一個角度看它，它仍然是圓的。

——證嚴法師

原文

支離疏者，頤隱於臍，肩高於頂，會撮指天，五管在上，兩髀為脅。挫鍼治繲，足以餬口；鼓筴播精，足以食十人。上徵武士，則支離攘臂於其間；上有大役，則支離以有常疾不受功；上與病者粟，則受三鍾與十束薪。夫支離其形者，猶足以養其身，終其天年，又況支離其德者乎。

譯文

有一個人姓疏，因爲長得奇形怪狀，所以大家一律叫他「支離疏」。他也不以爲被侮辱，默默地承認。說起支離疏，要怎麼難看便怎麼難看。他脊骨拳曲，彎腰駝背，下頷與肚臍相連，兩個肩膀高於頭頂；五官朝天，肋骨隱在骨盆以內，站起來至多也不會高過三尺。但他不以畸形爲恥，非常勤於工作。會做裁縫，會爲人洗衣服、樁米；所得工資足以餬口，生活絲毫不發生問題。

國家徵兵，支離疏踴躍應徵，役政人員拒絕他入伍；國家徵召役夫時，也因爲殘廢而不受徵召。可是國家發放救濟物品時，他所獲得的最爲優厚，一次便賑濟他糧食三鍾及木柴五擔。支離疏拒不接受。他說：「我雖形體不全，自信還能靠自己的勞力養活自己，好好的過完這一生。我不能因爲自己的殘疾而耗費國家的貲財。」

心靈哲思

生命只有一次，對於誰都是寶貴的；只要活得有意義，肢體缺陷者的人生路依然是光明的。

鴻鵠之志

漢《史記》司馬遷

只要和夢想接上頭，對那些勇敢闖天下的人，夢想是可能實現的。

——羅素克洛

原文

陳涉少年時，嘗與人傭耕，輟耕之壟上，悵恨久之，曰：「苟富貴無相忘。」

傭者笑而應曰：「若為傭耕，何富貴也？」

陳涉太息曰：「嗟乎！燕雀安知鴻鵠之志哉！」

譯文

抗秦第一志士陳涉年輕的時候，曾替人家耕田。有一天，他停下耕種，跑到田中的高地去休息，悵恨了許久，一面勉勵自己說：「將來如果富貴了，千萬不要忘記現在的困苦呀！」

旁邊跟他一起替人耕種的人聽了都笑著說：「咱們種田的人，哪還有什麼榮華富貴可言呢？」

陳涉嘆了一口氣，說：「唉！小小的燕雀，怎麼能了解那種大鳥的志向呢？」

心靈哲思

不要小看自己，因為人有無限的可能。

三鏡

唐《隋唐嘉話》劉餗

能以正律己者，方能以寬待人。

——梅遜

原文

太宗謂梁公曰：

「以銅為鏡，可以正衣冠；以古為鏡，可以知興替；以人為鏡，可以明得失。朕嘗寶此三鏡，用防己過。今魏徵殂逝，遂亡一鏡也。」

譯文

唐太宗想念諫議大夫魏徵，有一次就對宰相梁國公房玄齡說：「用銅做鏡子，可以照看調整自己的衣帽服裝是否不整；以古人古事做鏡子，可以從中了解一個朝代興盛衰敗的原因；用人做鏡子，可以明白自己的言行的對錯得失。我曾經擁有這寶貴的三個鏡子，用它們來防範自己的過錯。現在魏徵死了，我已經失去其中一面鏡子了。」

心靈哲思

每一個人自他人身上，均可以找出反射自己行為的鏡子。以人為鏡，對自己的言行舉止加以反省檢討改進。

楊父繼盛

清《明史》張廷玉

希望是厄運的忠實姊妹。

——普希金

原文

繼盛七歲失母。庶母妒，使牧牛。繼盛經里塾，睹里中兒讀書，心好之。因語兄，請得從塾師學。兄曰：「若幼，何學？」繼盛曰：「幼者任牧牛，乃不任學耶？」年十三始得從師學。家貧，益自刻厲。後繼盛謫任狄道典史，其地雜番，俗罕知詩書，繼盛簡弟子秀者百餘人，聘三經師教之。番民信愛之，呼曰：「楊父。」

譯文

楊繼盛七歲時母親就去世了。後母非常討厭他，叫他去放牛。繼盛放牛時經過村中的私塾，看見同村的小朋友們讀書的神情，十分羨慕；就告訴哥哥希望自己也能去私塾讀書，哥哥說：「你年紀還小，學什麼啊？」繼盛說：「年紀小只能當牧童，就不能當學童嗎？」但是還是到了十三歲，才被允許去上學。因爲家裡貧窮，所以他格外努力地求學。

後來繼盛在京裡任官，因彈劾奸相嚴嵩失敗，而被貶到甘肅臨洮縣當典史官。臨洮是一個漢人和北方狄人雜居的地方，狄人向來缺少知識，繼盛就挑選了狄人的優秀子弟一百多人，由他出錢，聘請了幾位學養豐富的老師來教導他們，提高他們的文化水準，使漢人和狄人相處融洽，因而得到狄人的愛戴和信任，大家都尊稱他爲「楊父」。

心靈哲思

不管出身貧困或富貴，一個人的人生際遇，最後的決定權還是操之在我。

王恭無長物

南朝宋《世說新語》劉義慶

需要的不多，想要的太多。

——聖嚴法師

原文

王恭從會稽還，王大看之。見其坐六尺簟，因語恭：「卿東來，故應有此物，可以一領及我。」恭無言。大去後，即舉所坐者送之。既無餘席，便坐薦上。後大聞之，甚驚，曰：「吾本謂卿多，故求耳。」對曰：「丈人不識恭，恭作人無長物。」

譯文

王恭從會稽回家後，同宗前輩王忱去探望他，看到他坐在一張六尺長的竹蓆上，就對他說：「你從東邊來，所以可以得到這種東西，不妨送一張給我。」王恭沒說什麼。

王忱走後，王恭就派人把自己坐的那張竹蓆送過去。王恭沒有多餘的蓆子，只好坐在草墊上。後來，王忱聽說這事，非常驚訝，就對王恭說：「我本來以爲你有多餘的，所以才向你要。」王恭回答說：「您不了解我，我在日常生活上，沒有多餘的東西。」

心靈哲思

凡是我有的，都是我需要用的；需要用到的，我才設法擁有。少了物質上的累贅，心靈才有活潑自在的空間。

三世不遇

漢《漢武故事》

每一個人都碰到過機會，只是沒有加以掌握而已。

——卡內基

原文

武帝嘗輦至郎署，見一老翁，鬚鬢皓白，衣服不整。上問曰：「公何時為郎？何其老也？」對曰：「臣姓顏名駟，江都人也。以文帝時為郎。」上問曰：「何其老而不遇也？」駟曰：「文帝好文，而臣好武；景帝好老，而臣方少；陛下好少，而臣已老。是以三世不遇。」上感其言，擢拜會稽都尉。

譯文

漢武帝有一次乘車到郎官的辦事處去，看見一個老翁，鬍鬚都白了，衣服也穿得不整齊。武帝便問他：「你什麼時候開始做這個侍衛官的？怎麼這樣老了呢？」

老翁答道：「微臣姓顏名駟，江都人。是在文帝時就做郎官的。」

武帝又問：「爲什麼這樣老仍遇不著機會升官呢？」

顏駟回話道：「因爲文帝時好文，而我好武未被重用；景帝時喜歡用老人，而我那時正年少，又未被升用；等到現在的皇上您，喜用年輕人，而我的年紀又已老大，所以經歷三代都沒有遇到機會升遷。」

武帝聽了很感慨，便將他升官爲會稽都尉。

心靈哲思

人生的機遇可遇不可求，機會稍縱即逝。

魯廟怪壺

先秦《荀子》荀況

以孔子之道立身，以老子之道處世，以鬼子之道辦事。

——蔣夢麟

原文

孔子觀於魯桓公之廟，有欹器焉。孔子問于守廟者曰：「此為何器？」守廟者曰：「此蓋為宥坐之器。」

孔子曰：「吾聞宥坐之器者，虛則欹，中則正，滿則覆。」孔子顧謂弟子曰：「注水焉。」弟子挹水而注之，中而正，滿而覆，虛而欹。

孔子喟然而嘆曰：「吁，惡有滿而不覆者哉？」子路曰：「敢問持滿有道乎？」

孔子曰：「聰明聖智，守之以愚；功被天下，守之以讓；勇力撫世，守之以怯；富有四海，守之以謙。此所謂挹而損之之道也。」

譯文

孔子帶他的弟子們瞻仰魯桓公宗廟，在案桌上發現一只形狀古怪的酒壺。孔子便問守廟人：「這是什麼酒器？」守廟人答：「是君王放在座位旁用來警惕自己的酒壺。」

「啊，我知道它的用處了！」孔子轉頭對他的弟子們說道：「快去取清水來，灌進這口酒壺裡。」弟子舀來清水，徐徐注入酒壺，大家都屏息靜氣地看著。只見水注入不多時，壺身開始傾斜了；接著當水達到壺腰時，酒壺又重新立得端端正正的；再繼續灌，水剛滿到壺口，酒壺就砰的一聲翻倒在地。大家都莫名其妙，一齊抬頭看著孔子。

孔子拍手歎道：「對啊，世上哪有滿而不覆的事物啊！」子路問：「老師，請問這個酒壺虛則傾，中則正，滿則覆，其中可有道理？」

孔子對大家說：「做人的道理也同這一只酒壺一樣，聰明博學，要看到自己愚笨無知的一面；功高蓋世，要懂得謙虛禮讓；勇敢孔武，要當作還很怯弱；富庶強盛，要注意勤儉節約。人們常說的不偏不倚，截長補短，也就是這個道理。」

心靈哲思

中庸之道是修身處世的哲學道理。

鐵杵磨針

明《潛學集》鄧元錫

哪裡有天才，我是把別人喝咖啡的工夫都用在工作上的。

——魯迅

原文

李白少讀書，未成。道逢老嫗磨杵，自問其故。曰：「欲作針。」白感其言，遂卒業。

譯文

相傳李白小時候很貪玩，不愛讀書，不求上進。有一天，他讀書讀到一半，心煩意亂，就悄悄溜出門去玩。走到街上，他看見小河邊蹲著一個老婆婆，手裡拿著一根鐵棒，在石頭上用力地磨著。李白不解地問道：「老婆婆，妳在幹什麼？」

老婆婆回答：「磨針。」

「真的？」李白很吃驚，「這麼大一根鐵棒，怎能磨成針呢？」

老婆婆笑呵呵地說：「小孩子，鐵棒總是越磨越細，只要我下定決心，天天磨，還怕磨不成針嗎？」

李白聽了，若有所悟。從此，他再也不貪玩，不怕苦，發憤學習。後來，李白成了中國歷史上一個偉大的詩人。

心靈哲思

成功是靠一分天才和九十九分努力所達成的。

陶侃運甓

唐《晉書》房玄齡

浪費別人的時間是謀財害命，浪費自己的時間是慢性自殺。

——魯迅

原文

侃在州無事，輒朝運百甓於齋外，暮運於齋內。人問其故，答曰：「吾方致力中原，過爾優逸，恐不堪事。」其勵志勤力，皆此類也。

常語人曰：「大禹聖者，乃惜寸陰；至於眾人，當惜分陰。豈可逸遊荒醉？生無益於時，死無聞於後，是自棄也。」

譯文

晉朝大將軍陶侃在廣州刺事任內，沒有重大的公務，每天早晨總是搬運一百塊磚頭放在書房外面，傍晚又把這一百塊磚搬回書房內。有人問他這樣做是什麼緣故，陶侃回答說：「我正在努力收復中原失土，生活過得太優裕、太安逸，恐怕將來不能肩負重任。」他就是像這樣的砥礪志氣，勤勉努力。

陶侃常常說：「大禹是聖人，都珍惜光陰，而一般人更應該分秒必爭，努力上進，怎麼可以一味追求享受，那樣活著對當時沒有益處，死了也沒有人知道，是自己踐踏自己，拋棄自己。」

心靈哲思

不疏懶、不怠惰、不延宕，今天能做的事，永不延至明天。

圯下拾履

漢《史記》司馬遷

失意時要忍，得意時要淡。

——蔣經國

原文

良嘗閒從容步遊下邳圯上，有一老父，衣褐，至良所，直墮其履圯下，顧謂良曰：「孺子，下取履！」良鄂然，欲毆之。為其老，強忍，下取履。父曰：「履我！」良業為取履，因長跪履之。父以足受，笑而去。良殊大驚，隨目之。父去里所，復還，曰：「孺子可教矣。後五日平明，與我會此。」良因怪之，跪曰：「諾。」

五日平明，良往，父已先在，怒曰：「與老人期，後，何也？」去，曰：「後五日早會。」五日雞鳴，良往。父又先在，復怒曰：「後，何也？」去，曰：「後五日復早來。」

五日，良夜未半往。有頃，父亦來，喜曰：「當如是。」出一編書，曰：「讀此則為王者師矣。後十年興。十三年孺子見我濟北，谷城山下黃石即我矣。」遂去，無他言，不復見。旦日視其書，乃《太公兵法》也。良因異之，常習誦讀之。

譯文

張良在刺殺秦始皇失敗後，逃到邳下地方。有一天，他走到一座橋，迎面過來一個衣衫襤褸的老頭，經過張良身邊時忽然脫掉鞋子，丟到橋下，然後回頭對張良說：「小伙子，給我把鞋找來！」張良吃了一驚，捏緊拳頭就要揍下去，但看看老頭花白的鬍鬚，只好強忍怒火，下橋把鞋撿拾回來。誰知老人又把腳一翹，說：「給我把鞋穿上！」張良於是跪著給他穿上鞋。那老人哈哈笑著揚長而去，就在張良還在一陣錯愕中，他又踅回來，說：「小伙子還有造化。好吧，過五天一早，在這兒和我見面。」

第五天清晨，張良匆匆趕到橋頭，老人已在等候，怒氣沖沖地責備張良說：「同老年人約會還遲到？這像什麼話，過五天後再來！」到了第五天黎明，張良就急忙跑到橋頭，誰知那老人又先來了，聲色俱厲地責罵張良，叫他五天後再來。

好不容易熬到第五天，半夜時分，張良就摸黑來到橋頭，等了一會兒，老人來了，高興地說：「這樣才對啊。」然後取出一本書，說：「讀了這本書，可以爲國君統帥三軍。過十年，你將大大發跡。十三年後，你在濟北谷城山下可以看見一塊石頭，那便是我。」說完，老人就飄然遠去。

清晨，張良取出書來一看，原來是《太公兵法》這部失傳已久的兵書。張良日夜攻讀，後來果然成了一個精通韜略的軍事家。

心靈哲思

恭敬、守信、忍辱、勤勉是成就大業的性格素質。

誰是佞人

宋《新唐書》歐陽修

巧僞不如拙誠。

——《顏氏家訓》

原文

帝嘗玩禁中樹，曰：「此嘉木也！」士及從旁美嘆。帝正色曰：「魏徵常勸我遠佞人，不識佞人為誰，乃今信然。」

譯文

唐太宗有一天和一班屬臣在後花園散步，他忽然指著一株雜樹說：「啊呀！這是一株很好的樹木！」當時有一位名叫宇文士的文臣馬上接口說：「對！皇上的眼力眞好，這確是一株上好的樹木！」

唐太宗立刻很嚴肅地指責宇文士說：「魏徵曾經勸我要遠離用甜言蜜語逢迎我的小人，我一時還沒有醒悟過來，但是我平時從你的言行來判斷，便有些疑惑你是那種人了，今天果然證明你的確是喜歡逢迎附和的小人！」

心靈哲思

偽巧終有敗露的時候，只有誠實才是顚撲不破的真理。

西閭渡河

漢《說苑》劉向

每一種工作都蘊藏著訴說不盡的樂趣，只是有的人不知道怎樣去發掘它罷了。

——盧梭

原文

西閭過東渡河，中流而溺。船人接而出之，問曰：「今者子欲安之？」西閭過曰：「欲東說諸侯王。」船人掩口而笑，曰：「子渡河，中流而溺，不能自救，安能說諸侯乎？」

西閭過曰：「無以子之所能相傷為也。子獨不聞和氏之璧乎？價重千金，然以之間紡，曾不如瓦磚。隋侯之珠，國之寶也，然用之彈，曾不如泥丸。騏驥騄駬，倚衡負軛而趨，一日千里，此至疾也，然使捕鼠，曾不如百錢之狸。干將莫邪，拂鐘不錚，試物不知，揚刃離金，斬羽契鐵斧，此至利也，然以之補履，曾不如兩錢之錐。今子持楫乘扁舟，處廣水之中，當陽侯之波，而臨淵流，適子所能耳。若試與子東說諸侯王，見一國之王，子之蒙蒙，無異夫未視之狗耳！」

譯文

有個叫西閭過的人，東渡黃河，船行至河中時掉到水裡去了。划船的人把他拉了上來，問他說：「先生過河要到哪裡去呢？」西閭過說：「我要到東方游說諸侯王。」划船的人禁不住捂嘴笑了出來，說：「先生渡河落水，自己都不能救自己，又怎能去游說諸侯呢？」

西閭過說：「不要用你會做的事來指責別人不會做。你難道沒聽說過和氏璧嗎？它價值千金，但用它來做織布的梭子，卻不如泥土燒製的管用，隋侯珠是國家級的珍寶，但用它來做彈丸，卻不如泥做的彈丸好使。著名的良馬騄駬拉車載物奔跑，一天能行千里之遠，這是最快的速度了，但是叫牠去捉老鼠，卻不如只值百錢的野貓。干將莫邪是天下名劍，拂過鐘面，鋒利到鐘不會發出響聲，用它來切東西毫無感覺，揮舞起來削鐵如泥，可說是最鋒利無他物可比了，但是用它來修補鞋子，卻不如兩文錢的錐子稱心。如今你操著船槳，駕著小船，整天生活在寬廣的江河中，經歷洶湧的波濤，湍急的水流，這恰好是你所擅長的本領。如果真讓你去游說東方的諸侯國王，面對一國的國君，你那蒙昧無知的樣子，就跟還沒睜開眼睛的小狗又有什麼兩樣呢？」

心靈哲思

任何人都有其長處和短處，所以不應以自己所擅長的去取笑別人，也不能因人有短處而抹煞他的長處。

好財之嗜

南朝宋《世說新語》劉義慶

鳥翼繫上了黃金，鳥也就飛不起來了。

——泰戈爾

原文

祖士少好財，阮遙集好屐，並恆自經營。同是一累，而未判其得失。有人詣祖，見料視財物，客至，屏當未盡，餘兩小簏著背後，傾身障之，意未能平。或有詣阮，見自吹火蠟屐，因嘆曰：「未知一生當著幾量屐。」神色閒暢。於是勝負始分。

譯文

祖約愛好錢財，阮孚愛好木屐，這在當時是廣爲人知的事，但是還是無法判斷誰比較能夠不爲嗜好所左右。

有人到祖約家去，恰巧見他正在整理錢財；祖約一時來不及收拾好，慌忙的將剩下的兩個小竹箱放在背後，斜著身體遮擋著，神情顯得有些尷尬。

稍後，有人到阮孚家去，看見他正在吹火給木屐上蠟；他一面做一面感嘆說：「不知道一輩子會穿到幾雙木屐。」說這話時，神態十分優閒從容。於是二人才分出了高下。

心靈哲思

嗜好可以為生活增添趣味。然而，如果過度沉迷其中，形成一種執著，就會像哲學家所說的：「擁有即是被擁有。」使自己成為提不起也放不下的奴隸。

公儀休嗜魚

漢《韓詩外傳》韓嬰

面對太陽，陰影只能在你的背後。

——惠特曼

原文

公儀休相魯而嗜魚，一國人獻魚而不受。其弟諫曰：「嗜魚不受，何也？」曰：「夫欲嗜魚，故不受也。受魚而免於相，則不能自給魚；無受而不免於相，長自給於魚。」此明於為己者也。故老子曰：「後其身而身先，外其身而身存。非以其無私乎？故能成其私。」詩曰：「思無邪。」此之謂也。

譯文

公儀休做魯國卿相時，非常喜好吃魚，於是國人爭相買魚獻給他，但是他卻一概不接受。他的弟弟勸告他說：「你分明喜歡吃魚，爲什麼不接受呢？」公儀休回答道：「正因喜歡吃魚，所以才不接受別人的餽贈。若我貪圖這點好處，那我就欠下一份情，在人情壓力下，就會不知不覺的徇私枉法，一旦違法，連職位也被免除了。到時候即使我想吃魚，再也沒人會送魚來了。差事丟了，薪俸沒了，想用自己的錢買魚也辦不到。所以我要守法紀，不接受贈魚，便能因廉潔而保住職務，想吃魚時，自己隨時都能花錢買，長久保持這個嗜好。」這是眞正明白怎樣才是爲自己打算的人。所以老子說：「把自己放在一切利益的最後面，反能佔得先機；把自己置身在一切安危之外，反而得到保全。這豈不正是因爲不自私，反而成全了他個人的一點私好嗎？」詩經也說：「思慮沒有不正的念頭。」正是這個道理的詮釋。

心靈哲思

不違法才能使自己生活得更自由。

周處斬蛟

南朝宋《世說新語》劉義慶

過而不改，是謂過矣。

——孔子

原文

周處年少時，凶強俠氣，為鄉里所患，又義興水中有蛟，山中有邅跡虎，並皆暴犯百姓。義興人謂為「三橫」，而處尤劇。

或說處殺虎斬蛟，實冀三橫唯餘其一。處即刺殺虎，又入水擊蛟。蛟或浮或沒，行數十里，處與之俱。經三日三夜，鄉里皆謂已死，更相慶。

處殺蛟而出，聞里人相慶，始知為人情所患，有自改意。乃自吳尋二陸。平原不在，正見清河，具以情告，並云：「欲自脩改，而年已蹉跎，終無所成。」清河曰：「古人貴朝聞夕死，況君前途尚可；且人患志不立，亦何憂令名不彰邪？」處遂改勵，終為忠臣孝子。

譯文

義興縣的老百姓公認地方上有三大禍患：水中的蛟龍、山上的白額虎，以及凶狠好鬥的周處。有人勸周處去殺虎斬蛟，實際上是希望三害只剩一害。周處首先上山殺了老虎，再到河裡去斬蛟。蛟龍在河中浮浮沉沉，游了數十里，周處也跟著載浮載沉三天三夜。百姓以為他也死了，因此互相慶賀。

周處殺了蛟龍，游上岸來，聽到人們互相祝賀的話，這才明白自己如何受人痛恨，而想要改過自新。於是他到吳郡拜訪陸機和陸雲兄弟。陸機不在，周處把情形告訴了陸雲，然後說：「我想改正自己的錯誤，可是已經虛度了許多時光，恐怕最後終是一無所成。」

陸雲說：「古人認為早上領悟了人生的道理，晚上就是死去，也是可貴的，何況你的前途還有可爲。並且，人只怕志向不能確立，又何必擔心好名聲沒有顯揚呢？」周處於是改過自新，最後成爲忠臣孝子。

心靈哲思

人不怕犯錯，只怕不改過，改過不難，自新更是永不嫌晚。

面涅

元《宋史》脫脫

寶石雖落在泥土裡，仍是寶石，砂粒雖被吹到天空，仍是砂粒。

——莎士比亞

原文

青奮行伍，十餘年而貴，是時面涅猶存，帝嘗敕青傅藥除字；青指其面曰：「陛下以功擢臣，不問門地，臣所以有今日，由此涅爾，臣願留以勸軍中，不敢奉詔。」後青以彰化節度使知延州，擢樞密院使。

面涅

譯文

宋朝名將狄青是出身於士兵行列中，經過十幾年的奮鬥而升任爲軍官，才獲得榮耀和地位。但是他當兵時被刺在臉上的刺青還在，宋仁宗曾經賜給他可以除去刺青的藥，要他把它除淨；但是狄青卻指著自己的臉孔說：「陛下是以我的戰功來提拔我的，並不在乎我的出身和地位。微臣之所以有今天的成就，就是因爲臉上被刺了字，想著要力爭上游所得的結果，我願意留下它，用它來勸勉、鼓勵軍中的弟兄，跟我一樣的奮鬥不懈，所以恕微臣不敢遵命。」後來狄青由彰化節度使兼管延州，又升任爲樞密院使。

心靈哲思

英雄不怕出身低，只要誠心上進，都能出人頭地。

戰勝而肥

先秦《韓非子》韓非

如果你是懦者，你自己乃是你最大的敵人；如果你是勇者，你自己乃是你最佳的友人。

——佛蘭克

原文

子夏見曾子。曾子曰：「何肥也？」對曰：「戰勝，故肥也。」

曾子曰：「何謂也？」子夏曰：「吾入見先王之義則榮之，出見富貴之樂又榮之，兩者戰于胸中，未知勝負，故臞。今先王之義勝，故肥。」

譯文

子夏和曾子都是孔子的學生。有一天，兩個人在街上碰見。曾子上下打量著子夏，問：「你一向瘦骨嶙峋，怎麼最近胖啦？」子夏得意地說：「打了一個勝仗，心情愉快，所以發胖了。」

「此話怎講？」曾子不解地問。「我在書房裡讀到堯舜禹湯的道德仁義，十分羨慕，總是想做一個死守善道的人；可是走到街上看見世俗的富貴榮華，禁不起物欲的引誘，往往又想做一個待價而沽的哲人。這兩種意念，日夜在我腦子裡打架，一時也得不到平息，所以我以前不思茶飯，人也瘦了。」

「那現在誰戰勝了？」「先王的仁義戰勝了。所以你看，」子夏摸著自己的雙下巴，「我就發福多了！」

心靈哲思

一個人的意志中，最難的就是克制自己、戰勝自己的各種私心雜念。要戰勝別人，必定先要克服自己。

小時了了

南朝宋《世說新語》劉義慶

要當美國總統，重要的不在於是否有白頭髮，而是在於腦袋裡面是否有東西。

——甘迺迪

原文

孔文舉年十歲隨父到洛。時李元禮有盛名，為司隸校尉，詣門者皆俊才清稱及中表親戚乃通。文舉至門謂吏曰：「我是李府君親。」既通，前坐。元禮問曰：「君與僕有何親？」對曰：「昔先君仲尼，與君先人伯陽，有師資之尊，是僕與君奕世為通好也。」元禮及賓客，莫不奇之。太中大夫陳韙後至，人以其語語之。韙曰：「小時了了，大未必佳。」文舉曰：「想君小時，必當了了。」韙大踧踖。

譯文

孔文舉十歲時，跟父親到洛陽。那時李元禮很有名望，官拜司隸校尉，凡是到李府的訪客都是有才能有名望的人，或是內親外戚才可通報。文舉到了李府門口便對守門人說：「我是李府的親友。」於是就被延請進去。元禮問他：「你和我有什麼親戚關係？」文舉答道：「從前我的先人孔夫子和您的先人老子有師生關係，所以我跟您是好幾代的世交了。」正當元禮及賓客都驚訝於他的聰明時，太中大夫陳韙剛好進來，於是大家把剛才的話告訴他。陳韙說：「小時候聰明，長大不一定了不起呀！」文舉馬上答道：「這麼說來，您小時候一定很聰明吧？」陳韙聽了大感尷尬，侷促不已。

心靈哲思

人都喜歡倚老賣老，但年齡不代表成就；有人天資高而成就平凡，也有人天資並不特異而成就斐然可觀，這中間的差別就在努力與不努力。

絕技毀身

唐《柳河東集》柳宗元

驕傲自滿是我們的一座可怕的陷阱；而且，這個陷阱是我們自己親手挖掘的。
——老舍

原文

鹿畏貙，貙畏虎，虎畏羆。羆之狀，被髮人立，絕有力而甚害人焉。楚之南有獵者，能吹竹為百獸之音。寂寂賞持弓矢罌火而即之山，為鹿鳴以感其類，伺其至，發火而射之。貙聞其鹿也，趨而至，獵人恐，因為虎而駭之。貙走而虎至，其人愈恐，則又為羆，虎亦亡去。羆聞而求其類，至則人也，捽搏挽裂而食之。今夫不善內而恃外者，未有不為羆之食也。

譯文

鹿怕貙子，貙子怕老虎，老虎怕人熊。人熊爲一種最兇猛的野獸，披著長髮，站起來像人一樣高；牠力大無窮，生性殘酷，常獵人畜爲食。楚國南部有一個獵人能用竹笛仿傚百獸的聲音，而且唯妙唯肖。

一天，他攜弓箭帶燈火乘夜前往深山。他將身體隱敝好，坐吹竹笛，作出呦呦的鹿鳴聲。群鹿聞聲聚集，他就躲在暗地彎弓射鹿，連中數頭。誰知貙子因聽到鹿聲而趕來，獵人很害怕的用竹笛吹出老虎的叫聲來嚇跑貙子，貙子與鹿皆紛紛逃去，但一頭猛虎卻被吸引而來。獵人更加恐懼，於是又模仿人熊的聲音來嚇跑老虎。但是，卻引來了眞正的人熊。這時已沒有其他再兇猛的野獸聲音可以仿傚，於是獵人終究被人熊捉住，活生生的撕開了他的四肢，然後再地吃掉他。現在不靠實力，光靠外表來嚇唬人的，到最後必定會被人熊吃掉啊！

心靈哲思

投機取巧，得意僅在一時，一步一腳印才活得自在踏實。

唾面自乾

唐《隋唐嘉話》劉餗

忍耐終將勝過橫暴；吾人不可能在瞬間克服很多難題，但堅忍可以一點點地將之解決。

——普盧塔克

原文

婁師德弟拜代州刺史，將行，謂之曰：「吾以不才，位居宰相，汝今又得州牧，叨據過分，人之嫉也。將何以全先人髮膚？」弟長跪曰：「自今雖有唾某面者，某亦不敢言，但拭之而已。以此自勉，庶兄免憂。」師德曰：「此適所謂為我憂也；夫前人唾者，發於怒也，汝今拭之，是惡其唾而拭之，是逆前人之怒也。唾不拭將自乾，何苦笑而受之。」

譯文

婁師德的弟弟被任命爲代州的刺史，將要上任前，婁師德特別對他說：「我沒有多大的才幹，已當上了宰相，你現在又當上代州的刺史，我們所得和佔據的位置已經過份了，這是讓人嫉妒的事，我們要怎樣才能保全父母給我們的身體，而不失孝道呢？」他的弟弟立即跪著回答他說：「從今以後，就是有人把口水吐在我的臉上，我也不敢有所怨言，只是把口水擦掉也就算了，我會這樣強制忍耐，以免大哥爲我擔憂。」婁師德說：「你所說的正是我所憂心之處呀！那人朝你吐口水，即是對你發怒，如果你把口水擦掉，就是表示你厭惡他，才擦掉口水對抗他的行爲，正是頂撞他的怒氣，無異是火上加油呀！不如不擦掉它，讓口水自己乾掉，用笑來承受這一切。」

心靈哲思

忍耐非畏葸，克制自我乃是訓練一個人的韌性的最佳方法。

臨江之麋

唐《柳河東集》柳宗元

誰不能主宰自己，誰就永遠是奴隸。

——歌德

原文

臨江之人，畋得麋麑，攜歸畜之。入門，群犬垂涎揚尾皆來。其人怒，撻之，自是日抱就犬，習示之，使勿動，稍使與之戲。積久，犬皆如人意。麋麑稍大，忘己之麋也，以為犬良我友，抵觸偃仆益狎。犬畏主人，與之俯仰甚善，然時啖其舌。三年，麋出門外，見外犬在道，甚眾，走欲與為戲。外犬見而喜且怒，共殺食之，狼藉道上，麋至死不悟。

譯文

臨江有個獵人，在山中捕得一隻小鹿，覺得愈看愈可愛，於是就抱回家畜養。誰知家中的狗兒看到了，全都揚尾怒目，想偷襲小鹿。獵人又氣又擔心，只好每天抱著小鹿，讓牠學著和狗兒相處，叫狗不可動吃牠的念頭，並讓牠們一起嬉戲。日子一久，狗都能善體人意與小鹿和平相處。小鹿在此環境中日漸長大，而忘了自己是鹿，以爲狗全是牠的好朋友，有時用角去觸摸狗兒，有時親暱得和狗在地上打滾。狗因爲怕主人喝斥，表面上和小鹿親善，背地裡還是忍不住舔舌想吃小鹿。如此過了三年，有一天小鹿到門外去玩，看見街上有許多野狗，以爲牠們和家裡的狗一樣和善，便想靠近和牠們玩。野狗一見到小鹿，又喜又怒的蜂擁而上，把小鹿咬死吃了。可憐的小鹿被咬得屍骨狼藉，到死都認爲自己是狗，而沒有覺悟呢！

心靈哲思

太多的依賴和保護，就會導致沒有勇氣和能力去面對黑暗和挫折的挑戰。

懶婦

清《笑林廣記》程世爵

天下事以難而廢者十之一，以惰而廢者十之九。

——顏之推

原文

一婦人極懶。日用飲食皆丈夫操作。他只知衣來伸手，飯來張口而已。一日，夫將遠行，五日方回。恐其懶作挨餓，乃烙一大餅，套在婦人項上，為五日之需。乃放心出門而去。及夫歸，已餓死三日矣。夫大駭。進房一看，項上餅只將面前近口之處吃了一缺，餅依然未動也。

譯文

有位極懶惰的婦人，平常生活飲食，都是靠丈夫料理，她整天只知道茶來伸手，飯來張口。

有一天，丈夫要離家五天到遠方辦事，怕她懶惰做飯而挨餓，就烙好一個大餅，套掛在婦人的脖子上，給她當五天的食物，然後才放心的出門。哪知五天後丈夫回來，婦人卻已餓死三天了。

丈夫大驚，進房裡一看，發現那婦人套掛在脖子上的大餅，竟只把靠近嘴巴旁邊的餅吃了一個缺口而已，其他整塊的餅全都未動。

心靈哲思

只知享受而不盡義務，將會受到痛惡與懲罰。

警枕

清《歷史人物傳記》安平秋

無磨折則無桂冠。

——威廉班

原文

治平三年溫國公奉詔修編「資治通鑑」，上起戰國，下迄五代，計一千三百六十二編年之史也，並博採雜史三百二十餘種以輔之。溫國公苦心孤詣，惟恐其體不博大，義不思精，所以夙夜惟寅以專注之。猶恐久寐誤時，特以圓木製一「警枕」，每小憩，枕恆動輒醒，即起而繼之，如此閱十九年不輟，乃克大成。

譯文

宋英宗治平三年，溫國公司馬光奉詔負責編撰、修訂《資治通鑑》。這是一部上從戰國時代開始，下至隋唐五代為止，總計長達一千三百六十二年的編年通史。這部巨大的修史工作，除了採用浩瀚的正史以外，還擴大採用了三百二十多種雜史作為參考。

司馬光全心全力地投入，仔細鑽研，刻苦進行。惟恐這部史書不夠廣博精深，所以每天早起晚睡，怕自己睡過了頭，耽誤了時間，便特別用一塊圓木，製作了一個「警枕」，每當工作疲憊了，便依著警枕小睡片刻，因為枕頭是圓的，只要稍有動作就會滾動，人就會驚醒過來，於是立刻起身繼續工作；就這樣經過了十九年，連續不斷地工作，才締造了如此的歷史巨著。

心靈哲思

勤勞的意志是成功的原動力。

翳桑餓人

先秦《呂氏春秋》呂不韋

爲別人做好事，其實就是對自己做了最大的好事。

——塞尼加

原文

趙宣孟將之絳，見翳桑之下有餓人，臥不能起，宣孟止車，為之食，蠲且餔之再咽而後能視。宣孟問之曰：「女何為而餓若是？」對曰：「臣宦于絳，歸而糧絕，羞行乞而憎自取，故至於此。」宣孟與脯二朿，拜受而弗敢食，問其故，對曰：「臣有老母，將以遺之。」乃復賜之脯與錢，遂去之。

處二年，晉靈公設宴欲殺宣孟；宣孟覺之，中飲而出。靈公令甲士追殺之，一人追疾，先及宣孟曰：「君轝！吾請為君反死。」宣孟曰：「而名為誰？」反走，對曰：「何以名為？臣翳桑下之餓人也。」還鬥而死，宣孟遂活。

譯文

晉國的大臣趙宣孟在去絳州的路途上，看見有一個人躺在桑樹下，餓得爬不起來。宣孟把座車停在一旁，親自給那位瀕臨死亡的陌生人餵食；那人吞下兩口食物後才緩緩睜開眼睛。宣孟問他：「你怎麼會餓到如此地步呢？」那人答道：「我本是去絳州謀職的；工作沒找到，在回鄉的途中盤纏又用盡，也不好意思行乞，更不願去偷搶，所以才弄到這種地步。」於是宣孟送給他兩束肉乾，他接受了，卻不敢吃，問他爲何不吃，他說：「這肉乾我要帶回去孝敬老母親。」宣孟又送給他一些肉乾和錢，然後才離去。

過了兩年，晉靈公想借邀宴的詭計殺害宣孟，宣孟發覺了，便中途離席逃走；靈公命令武士一路追殺，其中一位武士追趕得最快，先追到宣孟，卻說：「你趕快上車吧！我爲你擋住追兵。」宣孟不解地問：「你是誰呢？」那人說：「何必問我的姓名呢？我就是桑蔭下的餓人呀！」於是轉身過去戰鬥而死，宣孟因此保全了性命。

心靈哲思

抱著人飢己飢的同情心，滿溢人間的溫暖和至愛，最終得以善有善報。

黑豆白豆

宋《朱子語類》黎靖德

土扶可成牆，積德爲厚地。

——李白

原文

趙叔平，樂易厚善也。平生做工夫，欲驗心善惡知多少，以一器盛黑豆，一器盛白豆，中間置一虛器。才一善念動，則取白豆投其中；惡念動，則取黑豆投其中；至夜，則倒虛器中之豆，觀其黑白，以驗善惡之多少。

初間黑多而白少；久之，漸一般；又久之，則白多而黑少；又久之，則和豆也無了，便是心存一於善矣！

譯文

趙叔平是一個和樂平易、忠厚善良的人。他一生在修養心性上很下工夫，就想出一個方法檢驗心中的善念、惡念有多少。首先，他用一個罐子裝黑豆，另一個罐子裝白豆，中間還放了一個空的罐子；要是有一個善念產生，就拿一顆白豆丟到空罐中。如果動了惡念，就把一顆黑豆丟到空罐中。到了晚上，再把空罐中的豆子全倒出來看看，到底是黑豆多還是白豆多，以檢驗自己的善念多還是惡念多。起初，總是黑豆多而白豆少；日子一久，黑豆和白豆的數量都差不多；漸漸地，白豆子愈來愈多，而黑豆愈來愈少了；又更久一些時日，連豆子也都沒有了。這表示他的心性已經能控制在善念，再也不必借助豆子來提醒自己了！

心靈哲思

人要在思過反省中追求完美。人身的可貴，亦即在歷練後所獲得的圓融通達。

割肉相啖

先秦《呂氏春秋》呂不韋

勇氣的精義在於既不極端懦怯，也不過份魯莽。

——塞萬提斯

原文

齊之好勇者，其一人居東郭，其一人居西郭。卒然相遇於塗。曰：「姑相飲乎？」觴數行。曰：「姑求肉乎？」一人曰：「子肉也，我肉也，尚胡革求肉而為？」於是具染而已，因抽刀而相啖，至死而止。勇若此，不若無勇。

譯文

齊國有兩個勇士，一個住在東城，一個住在西城。兩個人偶然在路上碰到，說：「我們去喝兩杯吧！」

酒喝了幾巡，其中一個說：「弄點肉來下酒才好！」另一個說：「你身上有的是肉，我身上也有的是肉，還用得著另外找肉嗎？」兩人都以爲這說法有道理，於是準備好佐料，拔出刀來，割下自己身上的肉蘸著吃，兩人一直吃到躺下死去爲止。像這樣的勇敢，還不如不勇敢的好。

心靈哲思

一切美德，在乎善用；否則便不成為美德。

忠心乳母

漢《韓詩外傳》韓嬰

人之轟動一世，在品行，而不在地位。

——斯邁爾斯

原文

秦攻魏破之。少子亡而不得。令魏國曰：「有得公子者，賜金千斤；匿者，罪至十族。」人謂公子乳母曰：「得公子者賞甚重，乳母當知公子處而言之。」乳母應曰：「吾聞；忠不畔上，勇不畏死。凡養人子者，務生之，豈可見利畏誅，廢義而行詐哉！吾不能獨生而使公子獨死矣。」遂與公子俱逃澤中。秦軍見而射之，乳母以身蔽之，著十二矢，遂不令中公子。秦王聞之，饗以太牢，且爵其兄為大夫。

譯文

秦國派兵攻魏，大破魏軍防線，當時只有魏王的小兒子逃掉沒被捉到，於是秦軍通令魏國的人民說：「凡是能找到魏國公子的人，賞給黃金一千斤。藏匿魏公子的人，一律誅殺十族。」這時有人對魏公子的奶媽說：「找到公子的人，便可以得到重賞。」

奶媽卻回答說：「我聽說忠心的人絕不背叛主人，勇敢的人絕不怕死。凡是受託為別人撫養孩子，就有責任把孩子撫養成人，我豈可因為貪圖錢財便畏懼一死，而不講道義做出狡詐卑鄙的事呢！我絕不苟活卻讓公子去送死。」於是，奶媽便帶著魏公子逃到一個野草叢生的沼澤地去躲藏。不料，秦軍還是發現了，用箭射殺他們，奶媽就用身體掩護公子，自己身中十二箭，公子卻安然無恙。秦王聽見這件忠心感人的事後，便下令以三牲祭禮來祭祀她，並且封奶媽的兄長為大夫。

心靈哲思

盡其職守乃是忠心的基本原則。

狄仁傑薦弟

唐《松窗雜錄》李濬

勢利紛華，不近者爲潔，近之而不染者尤潔。

——《菜根譚》

原文

狄仁傑之為相也，有盧氏堂姨，居於都城南郊，姨止有一子，而未嘗來都城親戚家。梁公每遇伏臘晦朔，修禮甚謹。嘗經甚雪，多休暇，因候盧姨安否。適見表弟挾弓矢，攜雉兔來歸，膳味進於北堂，顧揖梁公，意甚輕簡，公因啓姨曰：「某今為相，表弟有何樂從，願悉力以從其旨。」姨曰：「相自貴耳，止一子，不欲令其事女主。」公大慚而退。

譯文

武則天稱帝時，任用狄仁傑爲丞相。狄仁傑有一位堂姨母盧氏，居住在長安城的南郊。這位姨母只有一個兒子，從來沒有到過長安城裡狄仁傑家。狄仁傑每年夏天和冬天，或每月的初一、三十都要到姨母家省親，十分講究禮儀而且非常恭謹。有一年冬天大雪，人們停下工作；狄仁傑便利用這空檔向姨母盧氏問安。到了盧家，剛巧表弟挾著弓箭，提著打獵獲得的雉雞和野兔回來，並且要把這些野味烹調成菜餚來孝敬母親。他向狄仁傑瞥了一眼，有些輕藐和簡慢。狄仁傑這時對姨母說：「我今天身爲丞相，表弟有什麼喜歡的工作或事情，我願盡我的力量幫他達成願望。」姨母回答說：「丞相自己顯貴就好了，我只有這一個兒子，不想要他去伺候女皇帝。」狄仁傑感到萬分慚愧便告辭離去。

心靈哲思

近勢利而不染，正是不為世俗而曲阿的高潔信念。

自勝

先秦《呂氏春秋》呂不韋

如果你是懦者，你自己乃是你最大的敵人；如果你是勇者，你自己乃是你最佳的友人。

——佛蘭克

原文

夏后伯啓與有扈戰於甘澤而不勝，六卿請復之。夏后伯啓曰：「不可，吾地不淺，吾民不寡，戰而不勝，是吾德薄而教不善也。」於是乎處不重席，食不貳味，琴瑟不張，鐘鼓不修，子女不飾，親親長長，尊賢使用，期年而有扈氏服。故欲勝人者必自勝，欲論人者必先自論，欲知人者必先自知。

譯文

夏帝伯啓與諸侯有扈氏大戰於甘澤而沒有獲勝，眾將相都請求再戰；伯啓卻說：「不必再戰了，我的領土不比他的小，我的人民和軍力也不比他的少，卻沒法戰勝他，檢討起來，是我的德行淺薄和教育部屬的方法不好的緣故。」

於是，伯啓銳意改革、自律；首先從自己的生活要求起，坐不講究席位，飲食力求簡單，停止一切娛樂設施，要求子女服裝要樸素，不許添加裝飾，親近親族，禮敬長上，尊重有道德的人，任用有才能的人才。這樣過了一年，有扈氏便不戰而歸服了。這個故事告訴我們：要戰勝別人，必定要先克服自己；在批評別人之前，最好先反省自己；要了解別人，必須先了解自己。

心靈哲思

常持謙遜的態度反省自己在做人處世的態度和方法上有何不妥的地方，盡力改正，這就是戰勝自己、步向成功的一個起點。

人貴自立

先秦《孟子》孟軻

有時必須順從命運，但絕不能屈服於它。

——拿破崙

原文

昔者大王居邠，狄人侵之。事之以皮幣，不得免焉；事之以犬馬，不得免焉。事之以珠玉，不得免焉；乃屬其耆老而告之曰：「狄人之所欲者，吾土地也。吾聞之也，君子不以其所以養人者害人。二三子何患乎無君？我將去之」。去邠，踰梁山，邑于岐山之下居焉。邠人曰：「仁人也，不可失也。」從者如歸市。

譯文

從前周太王住在邠地，狄人侵犯他。太王拿皮貨和幣帛去賄賂，可是沒有用。又送狄人喜愛的狗和馬去討好他，仍然沒有效果。最後拿珍珠和寶玉去，仍免不了狄人的侵犯。在這種情況下，太王實在沒有辦法，只好遷都另作他圖，離開邠這個地方。

行前召集父老們說：「一個君子仁人，是不會拿大家的民生物品，來作害人之用。現在外族人來侵略我們，我曾經爲了大家的安居樂業，送給他們好多財物。可是他們的侵略，始終沒有停止。因爲他們的主要目的是我們這塊土地。得不到這塊土地，將永不罷休。本來我是希望以我們現居的土地，使大家過安定生活的，而現在竟因爲我有了這土地，使狄人不斷來攻擊我們，那等於我用土地來害大家遭受戰爭之苦，這是不應該的。像我這樣的人，多得是。你們不必顧慮找不到更好的領導人。爲了不牽累你們，我將離開這裡。」

於是太王就翻過梁山，跋涉到岐山下面定居。但是邠地的老百姓們都說：「太王是一個好領袖，我們不可失去他。」大家也放棄了邠地，跟著太王到岐山下居住，重新開闢新的天地。這樣跟來的人很多，一股新興的力量，像市集一樣湧進岐山之下鞏固了太王的基地。

心靈哲思

當受到艱難或迫害時，就要改變自己的環境。當環境不能改變時，就要自己站起來，堅強起來，不要輕易向困難環境屈服。

舌存齒亡

漢《說苑》劉向

建立豐功偉業的人，往往借助於弱者之手。

——莎士比亞

原文

常摐有疾，老子往問焉，曰：「先生疾甚矣，無遺教可以語諸弟子者乎？」常摐曰：「子雖不問，吾將語子。」常摐曰：「過故鄉而下車，子知之乎？」老子曰：「過故鄉而下車，非謂其不忘故耶？」常摐曰：「嘻，是已。」常曰：「過喬木而趨，子知之乎？」老子曰：「過喬木而趨，非喟其敬老耶？」常摐曰：「嘻，是已。」張其口而示老子曰：「吾舌存乎？」老子曰：「然！」「吾齒存乎？」

老子曰：「亡。」常摐曰：「子知之乎？」老子曰：「夫舌之存也，豈非以其柔耶？齒之亡也，豈非以其剛耶？」常摐曰：「嘻，是已。天下之事已盡矣，無以復語子哉！」

譯文

相傳常摐是老子的恩師。有一年，常摐老了快病死時，老子趕去探望。老子扶著常摐的手問：「老師的病很嚴重了，有沒有遺教可以告訴學生呢？」

常摐緩緩地回答：「即使你不問，我也要告訴你的。」他歇了口氣問：「經過自己的故鄉要下車，你知道爲什麼要這樣做嗎？」老子答：「經過家鄉要下車，是不是說不要忘本？」

常摐說：「對了。那麼，看到大樹就要快步過去，你知道爲什麼嗎？」老子答：「過大樹快步而行，不就是說要敬老尊賢嗎？」

「對呀，」常摐點點頭。想了一會兒，張開嘴問道：「你看看，我的舌頭還在不在？」

「在啊。」

「我的牙齒還在嗎？」

「一顆也沒有了。」

常摐問：「你知道這是什麼意思嗎？」

老子想了想，答道：「舌頭還在，不就是因爲它柔軟嗎？牙齒所以全掉了，不就是因爲它太剛強了嗎？」

常摐聽了說：「對啊，天下的事情，處世待人的道理都在裡面了，我再也沒有其他話可以告訴你了。」

心靈哲思

不忘本，尊重前輩，柔存剛亡，都是告訴人們要謙虛謹慎，以退為進。

趙無恤忍羞

漢《淮南子》劉安

決定放棄或是忍耐，將左右人一生的努力。

——塚本幸一

原文

趙簡子以襄子為後。董閼于曰：「無恤賤，今以為後，何也？」簡子曰：「是為人也，能為社稷忍羞。」異日，知伯與襄子飲，而批襄子之首。大夫請殺之。襄子曰：「先君之立我也，曰：『能為社稷忍羞』，豈曰能刺人哉？」處十月，知伯圍襄子于晉陽。襄子疏陰而擊之，大敗知伯，破其首以為飲器。

譯文

趙簡子是春秋末年晉國的六卿之一。他臨終前留下遺囑，要將兒子趙無恤立爲繼承人。有位名叫董閼于的臣僚問他：「歷來都以長子繼位，無恤是庶出又非長子，怎麼可以立爲繼承人呢？」趙簡子回答說：「我把所有的兒子都考慮過了，只有無恤爲人能顧全大局，能爲國家忍受羞辱。」

趙無恤繼位以後，有一天，他在家裡請晉國的另一個大貴族知伯喝酒。知伯倨傲無禮，酒席間百般侮辱趙無恤，又當著大家的面，刮了無恤兩個耳光。左右侍臣都按捺不住怒火，要無恤把知伯殺了。無恤勸住他們，說：「先君立我爲後，說過我能爲社稷忍辱，我怎能因小失大而去殺人呢？」

過了十個月，知伯仰仗自己強大，向無恤勒索領地，無恤沒有答應。知伯惱羞成怒，重兵將無恤圍困在晉陽，又決汾水灌城，大有一口吞吃之勢。趙無恤頑強禦敵。第二年，他聯合晉國的韓、魏二卿，分兵出擊，將知伯軍隊徹底擊潰，形成了「三家分晉」的局勢。在慶賀勝利的宴席上，趙無恤將知伯的頭顱骨做成酒器，勞軍痛飲。

趙無恤忍羞

心靈哲思

忍讓並非沒有力量，而是有待發之力。這股力量一可以緩和氣氛、打破僵局；二可以爭取同情、理解和有利的輿論；三可以以柔克剛、以退為進、不亂方寸。

齊宣王開弓

先秦《尹文子》尹文

自滿、自高自大和輕信，是人生的三大暗礁。

——巴爾扎克

原文

宣王好射，說人之謂己能用強也。其實所用不過三石。以示左右，左右皆引試之，中關而止，皆曰不下九石，非大王孰能用是。宣王悅之。然則宣王用不過三石，而終身自以為九石。三石實也，九石名也。宣王悅其名而喪其實。

譯文

齊宣王喜歡射箭，更喜歡聽別人奉承自己能夠拉開硬弓。其實他所用的弓不過三百斤的強度，而每次他讓左右隨從試用他的弓時，這些人拉開一半就裝做拉不動，並異口同聲地宣稱這弓沒有九百斤的力氣是拉不動的。大王具有這般神力，這弓也只配大王使用。

宣王聽了很高興，一輩子都以爲自己用的是九百斤的弓，其實他用的不過三百斤而已。三百斤是實在的，九百斤卻是虛榮，宣王喜歡虛榮而喪失了實質。

心靈哲思

權力與虛榮容易使人受到蒙蔽；恃才傲物更將摧毀一個人進取的心理基礎，渙散鬥志，取消良好人際關係等，最終必將導致沉淪與失敗。

不宦與不嫁

漢《戰國策》劉向

釣名之士，無賢士焉。

——管仲

原文

齊人見田駢，曰：「聞先生高議：『設為不宦，而願為役。』」田駢曰：「子何聞之？」對曰：「臣聞之鄰人之女。」田駢曰：「何謂也？」對曰：「臣鄰人之女，設為不嫁，行年三十，而有七子；不嫁則不嫁，然嫁過畢矣！今先生設為不宦，訾養千鍾，徒百人；不宦則然矣，而富過畢也！」田子辭。

譯文

有個齊國人去見田駢，對田駢道：「我久仰先生不肯做官的清高議論，情願來爲先生效犬馬之勞，做個奴僕。」

「哪裡，哪裡，你過獎了！」田駢故作謙虛地問，「你是從哪裡聽說我的主張的？」「聽我隔壁的女人說的。」「隔壁的女人？」田駢感到有些奇怪。

「是啊，」齊人答道，「我隔壁的那個女人發誓永遠不嫁人，可是今年三十歲，卻生了七個兒子，這女人雖然沒出嫁，可比出嫁的人還會生兒子；如今先生您也常說最討厭作官，可是府上俸祿千鍾，僕役隨從百人，先生您雖然沒做官，可那氣派、勢力比做官還要強呢，是嗎？」田駢聽得滿臉羞紅，轉身就走了。

心靈哲思

判斷一個人，不光聽其言，重要的是觀其行。一個人是否清高，並不決定於他做不做官，而要看他怎樣行事做人。

敬揭短者

清《續資治通鑑》畢沅

如果我們只雇用比我們小的人，我們將變成一個侏儒公司；如果我們雇用比我們大的人，我們將成爲一個巨人公司。

——佚名

原文

旦每見帝，必稱準才，而準數短之。

帝謂旦曰：「卿雖談其美，彼專道卿之惡。」

旦謝曰：「臣在相位久，闕失必多。準對陛下無所隱，此臣所以重準也。」

譯文

王旦和寇準都是宋眞宗時的重臣，一同執掌朝政。王旦老沉持重，寬仁練達，寇準則剛直果斷、敢作敢為。王旦每次拜見宋眞宗，一定要稱讚寇準的才幹；可是寇準卻多次揭王旦的短處。

宋眞宗對王旦說：「你雖然總在我面前談論寇準的美德，可他卻專愛說你的壞處。」王旦檢討說：「我在相位時間長，缺漏失誤一定很多。寇準對陛下什麼也不隱瞞，這正是我看重他的原因！」

心靈哲思

世人皆難容人之短，其實最難者莫過於容人之長。容人之長需要更大的度量；心胸狹窄，不能容人之長者，其事業絕無生機。

不龜手之藥

先秦《莊子》莊周

想要成爲無可取代的人，就必須經常標新立異。

——Co Co香奈兒

原文

宋人有善為不龜手之藥者，世世以洴澼絖為事。客聞之，請買其方百金。聚族而謀曰：「我世世為洴澼絖，不過數金；今一朝而鬻技百金，請與之。」客得之，以說吳王。越有難，吳王使之將，冬與越人戰，大敗越人，裂地而封之。能不龜手一也；或以封；或不免於洴澼絖，則所用之異也。

譯文

宋國有個人善於調製使手不凍裂的藥，他家世代都靠著漂洗絲綿爲業。有一個客人聽說有這種藥，願意拿出一百斤黃金來買他的藥方。於是這個宋國人集合全家來商量說：「我們家世代漂洗絲綿，只不過得到幾斤金子，如今一天出賣這個藥方便可得到一百斤黃金，不如賣了吧。」

那位客人得到了藥方，就到吳王那裡去遊說。恰好這時越國出兵來打吳國，吳王派他帶兵。冬天和越國兵水戰，他因爲有不凍裂手的秘方，把越國兵打得大敗，吳王割地封賞他。同樣一個能使手不凍裂的藥方；有的人因此得到封賞；而有的人卻只能用來漂洗絲綿，這就是用法不同的緣故啊。

心靈哲思

在工作方面，跟別人做同樣的事不會成就出一番大事業，重要的是，應該擁有自己的想法和風格。

卷二

情感與交友

「得之我幸，不得我命。」
與其虛偽討好別人，
不如實在表現自己。

好色與好德

南朝宋《世說新語》劉義慶

一個漂亮的女人是一顆寶石，一個好的女人是一個寶庫。

——薩提

原文

許允婦是阮衛尉女，德如妹，奇醜。交禮竟，允無復入理，家人深以為憂。會允有客至，婦令婢視之。還答曰：「是桓郎。」桓郎者，桓範也。婦云：「無憂，桓必勸入。」桓果語許云：「阮家既嫁醜女與卿，故當有意，卿宜察之。」許便回入內，既見婦，即欲出。婦料其此出無復入理，便捉裾停之。許因謂曰：「婦有四德，卿有其幾？」婦曰：「新婦所乏唯容爾。然士有百行，君有幾？」許云：「皆備。」婦曰：「夫百行以德為首，君好色不好德，何謂皆備？」允有慚色，遂相敬重。

譯文

許允結婚時，新娘是阮共的女兒、阮侃的妹妹，她長得非常醜。夫妻交拜之後，許允不打算進入新房，家人對此都很擔憂。這時正好有客人來訪，新娘派婢女看看是誰，回來報告說：「是桓範先生。」

新娘說：「不用擔心了，桓範一定可以勸他進來。」

桓範果然勸許允說：「阮家既然把醜女兒嫁給你，應該有其用意，你還是仔細考慮一下吧。」許允於是走進新房。他看了新娘一眼，立刻轉身想離開。新娘預料他這一去就沒有可能再回來，於是趕忙伸手拉他的衣襟，讓他止步。

許允只好開口問她：「女人應該具備婦德、婦言、婦容、婦功這四種美德，妳有幾樣？」新娘回答說：「我所缺少的只是容貌而已。但是讀書人應該具備的各項品行，你有幾樣？」許允說：「我全都具備。」新娘就說：「各項品行中，以德爲第一位。你愛好美貌而不愛好品德，怎麼說是全部皆備？」許允聽了，面有慚色。

從此，夫妻二人互相敬重。

心靈哲思

娶妻嫁夫，做人做事，不可只重外表的「色」，而不重實質的「德」。

東床快婿

南朝宋《世說新語》劉義慶

爲了求戀愛成功而盡量隱藏自己缺點的人，其實是愚蠢的。

——傅雷

原文

郗太傅在京口，遣門生與王丞相書，求女婿。丞相語郗信：「君往東廂，任意選之。」門生歸白郗曰：「王家諸郎亦皆可嘉，聞來覓婿，咸自矜持，唯有一郎在東床上袒腹臥，如不聞。」郗公云：「正此好！」訪之，乃是逸少，因嫁女與焉。

譯文

郗鑒與王導都是朝廷大官，門當戶對。郗鑒想在王家挑選一位女婿，就派專人送一封信到王府，言明來意。王導回信說：「您到東廂房去，任意挑選吧。」這位使者回來稟告郗鑒說：「王家幾位公子都是可取的人才，他們聽說您派人來選女婿，個個表現得莊重沉穩，只有一位公子露著肚子躺在東床上，好像沒有聽說這件事一樣。」

郗鑒說：「就選這個人吧！」打聽一下，原來是王羲之，就把女兒嫁給他了。

心靈哲思

「得之我幸，不得我命」，與其虛偽討好別人，不如實在表現自己。

東食西宿

漢《風俗通》應邵

很多女人在尚未明白航行的基本原理之前，就急著跳進婚姻之海。

——林語堂

原文

齊人有女，二人求之。東家子醜而富，西家子好而貧。父母疑而不能決。問其女，定所欲適。「難指斥言者，偏袒，令我知之。」女便兩袒。怪問其故。云：「欲東家食，西家宿。」

譯文

齊人有一女長大了，來了兩戶人家向她求婚。住在東邊那家的兒子，人長得很醜卻很富有，住在西邊那家的兒子，人很俊卻家境貧窮。

做父母的猶豫不能決定，就問女兒，看決定要嫁誰。並對女兒說，如果不好意思直接叫出男孩的名字，可用露左肩或露右肩的方法表示，來讓父母知道。

女兒聽了，便把左右肩都露了出來。父母覺得奇怪，就問她爲什麼。女兒回答說：「我想在東家吃飯，西家睡覺。」

心靈哲思

每個人都想要，也都喜歡擁有十全十美的東西。但在現實世界裡，卻很少有十全十美的東西，也少有能兩全其美的福氣。

糟糠之妻

南朝宋《後漢書》范曄

只有老妻、老狗和現鈔，才是你忠實的朋友。

——富蘭克林

原文

湖陽公主新寡，帝與議朝臣，微觀其意。主曰：「宋公威容德器，群臣莫及……」帝曰：「方且圖之。」後弘被引見，帝令主坐屏後。因謂弘曰：「諺曰：『貴易知，富易妻，』人情乎？」弘曰：「臣聞：貧賤之知不可忘，糟糠之妻不下堂。」帝顧謂主曰：「事不諧矣！」

譯文

湖陽公主的丈夫去世不久，光武帝劉秀和她一塊兒議論朝廷大臣，暗暗地觀察公主的心意。公主說：「宋公的風度、容貌、品德、才幹，大臣們誰都趕不上他。……」光武帝就說：「我會撮合這件事。」

過不了多久，宋弘就被光武帝召見，光武帝叫湖陽公主坐在屏風後面。光武帝就對宋弘說：「諺語說：『顯貴換知交，發財換新妻。』這是人之常情吧？」宋弘回道：「我聽說：貧賤的知交不可忘，共患難的妻子不能被趕出門。」宋弘走後，光武帝轉頭對公主說：「事情不順利啊！」

心靈哲思

一個人在地位升遷或發財致富之後，如何對待貧賤時的伴侶，這不僅是家庭生活問題，更是一個人的道德品格問題。而家庭的幸福、社會的繁榮，人類的進化，道德倫理的規範作用是必不可少的，即使在今天，仍然如此。

廷氏娶妻

宋《蘇軾文集》蘇軾

忠誠，便是培養愛情的養料。

——巴爾扎

原文

劉廷式本田家，鄰舍翁有一女，約與廷式為婚。後契闊數年，廷式讀書登第，歸閭訪鄰翁，而翁已死，女因病雙瞽，家極困餓。

廷式使人申前好，而女子之家，辭以疾，仍以傭耕，不敢姻士大夫。廷式堅不可，曰：「與翁有約，豈可翁死子疾而背之？」卒與為婚。其妻相攜然後行。凡生數子，閨門雍睦。其後妻死，哭之極哀。

譯文

劉廷式本是農家子弟，未考試及第前，跟鄰居老伯的女兒訂有婚約。後來雙方久別了幾年，廷式金榜題名後，便回家鄉探視鄰居老伯。但這時那老伯已去世，那女子也因病而雙眼失明，家境十分困苦貧窮。劉廷式請人去提親，那女子的家人卻以眼盲，仍要繼續幫人農耕爲由來推辭，不敢嫁給已貴爲士大夫的劉廷式。劉廷式卻堅守前約，說：「我和老伯早定有婚約，怎麼可以因爲老伯已逝，女子眼盲而違背誓約呢！」最後兩人終於結婚。婚後，劉廷式總是牽著妻子的手走路，夫妻恩愛，一家和樂。後來他的妻子死了，劉廷式悲慟不已。

心靈哲思

人無十全十美，能欣賞對方的優點，包容對方的缺點，信守婚約，不離不棄，人生自然和樂。

如何

清《庸閒齋筆記》陳其元

愛而不敬，不能持久。

——大仲馬

原文

嘉興馬淡于先生累躓鄉試。道光辛巳會開恩榜時，室中窘甚。妻苦勸其不往，先生不可，典質簪珥而行。出闈意得甚，日盼捷音。放榜日，佇立門首。會同里沈蓮溪觀察中試，報錄者誤入其家，鄰人咸從之入，眾口稱賀。先生大喜，登樓易衣冠，令其妻為著靴，顧而矜之曰：「如何？」語未畢，樓下忽呼曰：「誤矣！中舉者乃沈家也。」一哄而散。先生靴猶未著竟，其妻仰而譏誚之曰：「如何？」

譯文

嘉興人馬淡于先生多次在鄉試中名落孫山。清朝道光辛巳年時，又趕上朝廷降恩開考，馬先生家裡正困窘非常。妻子苦苦勸他不要前去應試了，馬先生不同意，硬是典當了妻子的首飾赴考。走出考場後他十分得意，回到家中天天盼著捷報。放榜那天，馬先生等候在大門口。恰好同里的沈蓮溪考中了，報子隊誤把喜訊報到了馬家，眾鄰居都跟在報子隊後邊一擁而入，齊聲慶賀馬先生高中。馬先生大喜，上樓去換衣帽，擺出一副官老爺的樣子，趾高氣昂地叫妻子替他穿靴子，瞄著妻子，驕矜地說：「怎麼樣？」話音未落，樓下忽然喊起來：「錯了！中舉的是沈家啊！」報子和鄰居們哄笑著散去了。馬先生靴子還沒穿好，他妻子蹲在地上，仰頭譏誚他說：「怎麼樣？」

心靈哲思

夫妻間的關係並不是單方面的要求和給予，必須各盡所能，各得其所，互相尊重，才可以發揮愛的極致。

斷機誡夫

南朝宋《後漢書》范曄

賢妻爲其夫之王冕。

——舊約全書

原文

河南樂羊子之妻者，不知何氏之女也。羊子嘗行路，得遺金一餅，還以與妻。妻曰：「妾聞『志士不飲盜泉之水，廉者不受嗟來之食』，況拾遺求利以污其行乎？」羊子大慚，乃捐金於野，而遠尋師。

學一年，來歸，妻跪問其故。羊子曰：「久行懷思，無他異也。」妻乃引刀趨機而言曰：「此織生自蠶繭，成於機杼；一絲而累，以至於寸；累寸不已，遂成丈匹。今若斷斯織也，則損失成功，稽廢時日；夫子積學，當日知其所亡，以就懿德。若中道而歸，何異斷斯織乎？」羊子感其言，復還終業。

譯文

樂羊子年輕時家裡很貧窮。有一次，樂羊子在路上拾到一塊金子，高高興興地拿回家給妻子。妻子卻正顏厲色地說：「我聽說有志氣的人不飲盜泉之水，廉潔的人不食嗟來之食，何況用拾來的財物玷污自己的操行呢？」樂羊子聽了滿面羞慚，就把金子遠遠地丟到野外。這件事給樂羊子很大的觸動，他便離家去遠方求學。

一年以後，樂羊子就回來了。妻子很驚訝地問他出了什麼事情。樂羊子笑嘻嘻地說：「離別日久，我太思念妳了。」妻子一聽，臉色變了，拿起刀子就把剛織成一半的布匹嘩的割斷，說：「我一絲一縷，不停地織，才織就這匹布。今天我從中割斷，便前功盡棄。讀書也靠滴水成河，隨時要覺得自己學得不夠，才能成功。你中途而歸，不就同割斷這匹布一樣嗎？」羊子被這番話深深感動了，馬上又離家完成學業。他發奮讀書，整整七年沒有回家。

心靈哲思

俗話說：「成功的男人背後必有一個偉大的女人。」賢妻的激勵，從善如流；不斷求進，學問方能精進。

丈夫行徑

先秦《孟子》孟軻

男人都是泥造的。一個女人要在一塊作威作福的泥土面前低聲下氣，把她的終身託付給一塊道旁的泥土，豈不可悲。

——莎士比亞

原文

齊人有一妻一妾而處室者，其良人出，則必饜酒肉而後反。其妻問所與飲食者，則盡富貴也。其妻告其妾曰：「良人出，則必饜酒肉而後反；問其與飲食者，盡富貴也；而未嘗有顯者來。吾將瞯良人之所之也。」

蚤起，施從良人之所之。徧國中無與立談者。卒之東郭墦間之祭者，乞其餘；

不足，又顧而之他，此其為饜足之道也！

其妻歸，告其妾曰：「良人者，所仰望而終身也。今若此！」與其妾訕其良人，而相泣於中庭；而良人未之知也，施施從外來，驕其妻妾。由君子觀之，則人之所以求富貴利達者，其妻妾不羞也而不相泣者，幾希矣！

譯文

齊國有個人，家中娶了兩房太太。這位先生，每天出去，總是酒醉飯飽的走回來。他的太太問是誰家請客，他總是得意洋洋地說：「無非是那些有錢或家裡作官的大戶人家。」

他太太覺得很懷疑，有一天對小太太說：「我們的先生，天天在外面被人招待，為什麼不見一位有頭有臉的紳士來我們家呢？我明天偷偷跟他出去看看。」於是她一路尾隨著先生，觀察動靜；誰知走遍了全城，也沒見一個人跟他打招呼。最後來到東城外一片叢葬的墳墓間，見有人家祭祀剩餘的酒菜，則上前去乞討一些，一家不飽再轉一家。

他的太太羞憤死了，踉蹌地跑回家告訴那位小太太，兩個人相對哭著說：「像這樣的丈夫，我們怎樣倚靠終身呢？」但那位齊國人不知底細，仍然趾高氣昂地從外面回來，吆吆喝喝，還向兩個太太擺威風。

心靈哲思

不求上進，價值觀扭曲的男人，是不配做一個丈夫和父親的。

卿卿我我

南朝宋《世說新語》劉義慶

記著：你們即使結婚了，這不是你們愛情的終結，而是夫婦愛情的開始。

——羅曼爾

原文

王安豐婦常卿安豐，安豐曰：「婦人卿婿，與禮為不敬，後勿復爾。」婦曰：「親卿愛卿，是以卿卿。我不卿卿，誰當卿卿？」遂恆聽之。

譯文

王安豐的妻子，常常以親暱地稱呼他爲「卿」。在當時，妻子應該稱丈夫爲「君」（您），丈夫稱妻子爲「卿」（你）。

王安豐說：「妻子稱丈夫爲卿，太過親暱，在禮節上不夠尊敬，以後不要再這樣叫我了！」

妻子說：「疼你愛你，所以稱你爲卿。我不稱你爲卿，誰該稱你爲卿？」王安豐只好任她去了。

心靈哲思

禮節是為人情而設，稱呼應該表達心意。美滿婚姻是需要用心經營的。

覆水難收

晉《拾遺記》王嘉

選擇妻子，正如計劃作戰一樣，只要錯誤一次，就永遠糟了。

——蕭伯納

原文

太公望初娶馬氏，讀書不事產，馬求去。

太公封齊，馬求再合。

太公取水一盆，傾於地，令婦收水，惟得其泥。

太公曰：「若能離更合，覆水定難收。」

譯文

姜太公剛娶馬氏的時候，只顧讀書，不治理家業，馬氏因而要求離婚，於是兩人分開了。

不久，姜太公幫助周武王滅商有功，封於齊地，馬氏又要求復婚。這時姜太公端來一盆水，潑在地上，叫馬氏把水收回來，但馬氏收了半天，只得到一些爛泥。

姜太公便對馬氏說：「我們要離婚再復婚，就好比這已潑出去的水要收回來那樣困難。」

心靈哲思

幸福的婚姻是建立在患難與共及互相間最真摯的感情。

不痴不聾不作家翁

宋《資治通鑑》司馬光

愛情可以是坦坦蕩蕩，婚姻卻是瑣瑣碎碎。

——吳淡如

原文

郭曖嘗與昇平公主爭言，曖曰：「汝倚乃父為天子耶？我父薄天子不為！」公主恚，奔車奏之。上曰：「此非汝所知。彼誠如是；使彼欲為天子，天下豈汝家所有邪？」慰渝令歸。子儀聞之，囚曖，入待罪。上曰：「鄙諺有之；『不痴不聾，不作家翁。』兒女閨房之言，何足聽也！」

譯文

唐代名將郭子儀的兒子郭曖是駙馬爺，有一回他和昇平公主拌嘴，郭曖衝口而出說：「妳仗著妳父親是天子嗎？我的父親還輕看天子，不想做天子呢！」

昇平公主很是惱怒，叫人駕車趕到皇宮面奏皇上。代宗皇帝聽完後，說：「假如他父親想做天子，天下哪會歸妳家所有呢？」說完，安慰開導了一番，就叫公主回家去。

郭子儀聽到這件事大爲緊張，把郭曖囚禁起來，然後入朝等皇上治罪。皇上寬慰他說：「有句諺語說：『不痴不聾，不作家翁。』小倆口閨房中拌嘴的氣話，哪能當眞啊！」

心靈哲思

清官難斷家務事，家庭內部的人際關係也是複雜的，如果遇事斤斤計較，處處追根究底，將會使事情更難以圓滿解決。

金絲猿

明《宋文憲公全集》宋濂

母親對孩子的愛，像垂下的柳絲條：是那樣的溫柔，是那樣的遷就，是那樣的俯首微笑，是那樣的安詳無聲。

——高爾基

原文

武平產猿，猿毛若金絲，閃閃可觀；猿子尤奇，性可馴，然不離母。母黠，不可致。獵人以毒傅矢，伺母間射之。母度不能生，灑乳於林飲子，灑已氣絕。獵人取母皮向子鞭之，子即悲鳴而下，斂手就制。每夕必寢皮乃安，甚者，輒抱皮跳擲而斃。嗟夫！猿且知有母，不愛其死，況人也耶！

譯文

福建武平出產一種猿猴，猿毛好像金絲，閃閃發光，很是好看。小猿更是可愛，而且性情溫和容易馴服，但總是離不開母猿。母猿很機警，不容易抓到。於是獵人便把毒藥塗在箭頭上，趁母猿疏忽不注意的時候射牠。母猿被毒箭射中後，估量自己已活不成了，便把剩餘的乳汁灑在樹林裡讓小猿吃。乳汁灑完後，牠才斷氣。獵人把掉在樹下的母猿的皮剝下來，用力地抽打，樹上的小猿便會悲哀地爬下樹來，束手就擒。每天晚上，小猿一定要睡在母親的皮上，才會安靜下來。當牠悲不自禁的時候，就會抱著母親的皮高高地跳起，使自己摔死在地上。唉！連那些小猿都知道母親的可貴，不願母親死去，何況是我們人呢？

心靈哲思

一個人若不知道孝順，是連猿猴都不如。

單衣順母

元《二十四孝》郭居敬

不尊敬父母的兒子是無福的，因爲他也將會得到自己兒子相同的對待。

——幼里披底

原文

閔子騫，名損，春秋時魯人。性孝友。少時，後母虐之。冬月，衣所生二子以絮，衣子騫以蘆花。子騫寒，不能為父御，父知之，欲出後母。子騫曰：「母在一子寒，母去三子單。」遂止。母亦感悔，待三子如一命。及長，為孔子弟子，以德行著。

譯文

閔子騫名損，春秋魯國人。性情極孝順友愛。在他年幼的時候，他的後母常常虐待他。寒冷的冬天，後母給她親生的兩個兒子穿棉花做的冬衣，而給閔子騫穿的衣服裡面塞的卻是不會保暖的蘆花。

有一天，父親命閔子騫駕車，他卻凍得沒辦法替父親拉車。父親生氣地一鞭打在閔子騫身上，冬衣便露出裡面的蘆花，父親因此知道後母偏心，要把後母趕出去。子騫卻勸他父親說：「母親在的話，只有我一個孩子受饑寒，如果把母親趕出去的話，那家中便有三個孩子同時要孤苦無依了。」他父親一聽，感動不已，便沒休離後母。後母因爲這件事受了感動，從此以後，對三個孩子都視如己出。閔子騫長大後，成爲孔子的弟子中，以德行著名的學生。

心靈哲思

以孝悌為本的人，在社會上做人做事，必然也不離信義，為衆所擁戴。

皋魚之死

漢《韓詩外傳》韓嬰

世上有兩件事不能等，一是孝順，二是行善。

——證嚴法師

原文

孔子行，聞哭聲甚悲。孔子曰：「驅！驅！前有賢者。」至則皋魚也。被褐擁鐮，哭於道傍。孔子辟車與之言曰：「子非有喪，何哭之悲也？」皋魚曰：「吾失之三矣：少而學，遊諸侯，以後吾親，失之一也；高尚吾志，閒吾事君，失之二也；與有厚而小絕之，失之三矣！樹欲靜而風不止，子欲養而親不待也。往而不可得見者，親也！吾請從此辭矣！」立槁而死。

孔子曰：「弟子誡之，足以識矣！」於是，門人辭歸而養親者，十有三人。

譯文

有一次，孔子乘車時，在途中聽到很悲痛的哭聲。孔子立刻喊道：「快驅車過去看看，前面有賢人！」到了一看，原來是穿著粗布衣，拿著鐮刀的皋魚，正在路旁悲泣。孔子下了車，問皋魚道：「你家裡並沒有人過世，怎麼哭得這樣哀傷呢？」

皋魚回答說：「我犯了三個過錯：少年時候求學，長大後周遊列國，把父母拋在腦後不顧，是第一件過錯；把自己的志向提得很高，斷絕了事奉君王的機會，是第二件過錯；和朋友交情深厚，卻因小事而斷絕往來，是第三件過錯。樹想安靜佇立，可是風卻不停地吹過；做兒子的想奉養雙親，可是父母卻已年老不留待了。如今我的父母親已去世，永不再見！唉！就讓我從此離開世間吧！」不久，皋魚就枯槁而死。

孔子說：「同學們，皋魚的話你們要好好記住，引以爲誡啊！」於是，學生們辭別孔子回家奉養雙親的，有十三人。

心靈哲思

所謂「再回頭已百年身」，人生短暫，許多事常常無法再有另一次機會。及時行孝，才不會後悔莫及。

貓兒索食

宋《大莊嚴經》天災息

由求生之掙扎得來的教育是世界上最好的。

——菲力普斯

原文

貓生兒，以小漸大。貓兒問母：「當何所食？」母答兒言：「人自教汝。」夜至他家，隱甕器間。

有人見已，而相約敕：「酥、乳、肉等，極好覆蓋；雞雛高舉，莫使貓食。」

貓兒即知：「雞、酥、乳酪，皆是我食。」

譯文

小貓漸漸長大了。斷奶的那一天，牠問貓媽媽說：「從現在起，我應該吃什麼東西呢？」貓媽媽微笑地說：「人們自然會教你的。」小貓心裡很納悶，牠想：「人們怎樣教我呢？」

天黑的時候，牠悄悄地溜進一戶人家，蹲在瓶瓶罐罐之間。主人看見進來一隻貓，連忙關照家裡人說：「鍋子裡有奶酪，肉酥，小心蓋好。小雞籠子高高掛起來，不要讓貓兒偷吃了。」一字一句都讓小貓聽見了，牠高興地說：「人們果然教我了，原來奶酪、肉酥和小雞都是我該吃的東西。」

心靈哲思

培養獨立能力是父母的重要責任之一。

一子不可縱

元《宋史》脫脫

你知不知道用什麼方法可以使你的孩子受到折磨？這個方法就是，讓他要什麼東西，就得到什麼東西。

——盧梭

原文

劉摯，字莘老，永靜東光人。兒時，父居正課以書，朝夕不少問。或曰：「君子止一子，獨不可少寬邪？」居正曰：「正以一子，不可縱也！」

譯文

北宋的監察御史劉摯，字莘老，永靜東光人，是一位有作爲的人才。在他童年時，父親劉居正教他讀書，早早晚晚從不間斷。

有人對劉居正說：「您就這一個兒子，難道不能稍微放鬆些嗎？」

劉居正說：「正因爲我只有一個兒子，才不能放縱他啊！」

心靈哲思

凡父母沒有不望子成龍的，獨生子女更是全家唯一的希望。但溺愛只能助長其驕縱任性，嚴格要求才能保證其茁壯成才。

遺產

南朝宋《後漢書》范曄

父親的德行是兒子的最好遺產。

——塞萬提斯

原文

震性公廉，不受私謁。子孫常蔬食步行。故舊長者或欲令為開產業，震不肯，曰：「使後世稱為清白吏子孫，以此遺之，不亦厚乎！」

譯文

楊震品行公正廉節，從不收受私人謁請饋贈。他的子孫平時吃粗菜淡飯，出門步行。

老友中有的人想讓他替後輩辦置產業，楊震不肯，他開導他們說：「讓我家後代被後世人稱讚是清白官吏的子孫，把這種榮耀留給後人，不就是一份豐厚的遺產嗎？」

心靈哲思

給子孫留下廉節的名聲，使子孫到處受人尊重；留下清白的家風，使後代學會堂堂正正地做人；留下自強不息的奮鬥精神，使子孫憑自己的勞動和智慧創造財富，與萬貫家財相比，這種精神遺產更為豐厚。

生子當如孫仲謀

宋《資治通鑑》司馬光

父慈於華，家有敗子。
——宋祈

原文

春，正月，曹操進軍濡須口，號步騎四十萬，攻破孫權江西營，獲其都督公孫陽。孫權率眾七萬御之，相守月餘。

操見其舟器仗軍伍整肅，嘆曰：「生子當如孫仲謀；如劉景升兒子，豚犬耳！」

譯文

孫權的父親孫策死時不過二十六歲，孫權在還不到二十歲時就繼承父兄基業，擔當了領導東吳的重任。在曹操號稱八十萬大軍進逼江南之時，孫權果斷決策，組成孫劉聯軍，領導赤壁之戰，打得曹軍一潰千里，鼎足三分局面一舉形成。漢獻帝建安十八年，春天正月，曹操進兵長江邊的濡須口，率四十萬大軍打破了孫權長江以西的營壘，俘虜其都督公孫陽。孫權率領七萬人抵禦曹軍，雙方相持了一個多月。

孫權軍伍整肅，士氣高昂，指揮得當，戰鬥力很強。對於孫權敢於早挑重擔，曹操非常讚許，因此他讚嘆道：「生兒子就該像孫仲謀；像劉表的那些兒子，個個胸無遠略，儒弱無能，是永遠不會有大作爲的豬狗罷了！」

心靈哲思

少年英雄是在嚴峻的環境中鍛鍊成長的。反之，溺愛孩子只能使孩子成長為無主見只會依賴人的廢人而已。

曾子殺豬

先秦《韓非子》韓非

父母的罪過可能給他們的兒女犯上了，這一根刺反而刺痛了父母的心。我們常說父母教育子女，可知我們的子女也教育了我們。

——西革尼

原文

曾子之妻之市，其子隨之而泣，其母曰：「女還！顧反為汝殺彘。」妻適市來。曾子欲捕彘殺之。妻止之曰：「特與嬰兒戲耳。」曾子曰：「嬰兒非與戲也。嬰兒非有知也，待父母而學者也，聽父母之教。今子欺之，是教子欺也，母欺子，子而不信其母，非所以成教也。」遂烹彘也。

譯文

曾子的妻子要上市集去買東西，但孩子卻哭纏著她不放手。曾子的妻子哄他說：「如果你乖乖地待在家裡，我回來後就殺豬給你做好吃的。」

當她從市集回來時，見曾子把豬綑起來正要殺掉，連忙制止丈夫說：「我不過是哄哄孩子，你怎麼當眞了！」

曾子認眞地對妻子說：「和孩子不可以開這種玩笑的。孩子太小，不懂道理，全靠父母言傳身教，今天如果騙了他，就是教他學會騙人。做父母的要是欺騙了孩子，就再也不會得到信任，以後教育他們就很難了。」說完這話，曾子親自把豬殺了，燒給兒子吃。

心靈哲思

教子以義方，千萬別欺騙孩子。

爲姊煮粥

唐《隋唐嘉話》劉餗

人生眞正的幸福和歡樂浸透在親密無間的家庭關係中。

——穆尼爾·納索夫

原文

唐英公徐勣，雖貴為僕射，其姊病，必親為粥。釜燃，輒焚其鬚。

姊曰：「僕妾多矣，何為自苦如此！」

勣曰：「豈為無人耶？顧今姊年老，勣亦年老，雖欲久為姊粥，復可得乎？」

譯文

唐初封爲英國公的徐勣，雖已做到高貴的宰相，但他的姊姊生病時，他一定親自爲她煮稀飯，每次燒火煮粥時，火都燒到了他的鬍鬚。

他姊姊就說：「僕人妻妾那麼多，何必自己如此辛苦？」

英國公回答說：「我哪裡是擔心沒有人手呢？只是姊姊現在已年老，我也年老了，即使想多爲姊姊煮稀飯，又能有幾次機會了呢？」

心靈哲思

有兄弟姊妹的人，應多珍惜有兄弟姊妹的福氣，一生相互友愛疼惜，常相歡聚，永享同胞之樂。

紫荊樹

南朝梁《續齊諧記》吳均

家內之不和，是貧乏神之巢穴。

——莎士比亞

原文

京兆田真兄弟三人，共議分財，生貲皆平均。惟堂前一株紫荊樹，共議欲斫三，明日就截之。其樹即枯死，狀如火然。真往見之，大驚，謂諸弟曰：「樹木同株，聞將分斫，所以憔悴；是人不如木也。」因悲不自勝，不復解樹。樹應聲榮茂。兄弟相感合財寶，遂為孝門。

譯文

京兆地方，有田家三兄弟。一天，他們共同商議要分家，全部的財產牲畜全清清楚楚的平分成三份，就只剩下門前的紫荊樹，還沒分好。兄弟三人商量後，決定第二天將樹砍成三段，一人一份。不料到了隔天，那株樹卻忽然乾枯死了，樹枝樹葉好像被火燒焦似的。

大哥田眞見了，心中大驚，就對兩個弟弟說：「這棵樹本來是同一株根生的，聽說我們要將它砍開來，便馬上乾枯，如此說來，我們三兄弟分家反而連株樹都不如！」兄弟三人都覺得很慚愧，便決定不再砍樹了。紫荊樹彷彿聽得懂話，立刻又枝葉茂密地活了起來。三兄弟見狀，更加感動，便將已分好的財產重新合起來，大家又一起共同生活，終於成了一個人人尊敬的孝悌之家。

心靈哲思

闔家的笑顏，是真善美；舉族的和合，是真愉快；充滿愛的家庭，到處都能感到愉快和安樂。

鄰人之子

宋《澠水燕談錄》王闢之

我相信那些默默行善的人，都具有不加粉飾的誠實、堅定的爲善信念、寬宏大量的同情心。

——柴寧

原文

曹州于令儀者，市井人也。長厚不忤物。晚年家頗豐富。一夕，盜入其家，諸子擒之，乃鄰子也。令儀曰：「汝素寡悔，何苦而為盜耶？」曰：「迫於貧耳。」問其所欲，曰：「得十千足以資衣食。」如其數與之。既云，復呼之，盜大恐。謂曰：「汝貧，乘夜負十千以歸，恐為人所詰。」留之，至明使去，盜大感愧，卒為良民。

譯文

曹州有一位名叫于令儀的人，只不過是住在市街上的普通人而已。但是他爲人厚道，與人相處十分融洽。到了晚年，他的家道十分富裕。一天晚上，有盜賊偷進了他家，被于家的幾個兒子給捉住了，一看之下原來是鄰居家的兒子。

于令儀問他說：「你素來很守本份，也沒有犯過什麼罪，何苦要做賊呢？」那小偷說：「都是貧困所逼呀！」于令儀問他缺多少，他答說：「希望得到一萬錢，能夠用來買點衣服和食物。」於是于令儀便慷慨地如數給他所要的錢數。

鄰人之子拿了錢轉身離去，于令儀卻喊他回來，那人十分驚恐，于令儀卻安慰他說：「沒有什麼事，只因爲你窮，又在晚上揹了這麼多錢回去，我恐怕別人會誤會，要盤問你，不是就把事情弄糟了嗎？」因此留住他，直到天亮才讓他回去；那人內心十分感動又很慚愧，從此痛改前非，重新做人。

心靈哲思

社會中的每一個角落都有許多默默行善，散佈愛心的市井人，他們的善行可以洗滌人間的污點，而他們的愛可以滋潤人與人之間的隔閡與猜忌。

鄉人藏虱

清《聊齋誌異》蒲松齡

聰明地慈善——即做好事而不加深罪惡的根源。

——拉斯金

原文

鄉人某者，偶坐樹下，捫得一虱，塞樹孔中而去。後二三年，復經其處，忽憶之，視孔中紙裹宛然。發而驗之，虱薄如麩。置掌中審顧之。

少頃，掌中奇癢，而虱腹漸盈矣。置之而歸。癢處核起，腫數日，死焉。

譯文

有一個鄉下人，偶然經過一棵大樹，便坐下來歇息。忽然間，他覺得肩膀上隱隱作癢，伸手探去，摸出一隻虱子來。他看看這小蟲子拼命掙扎，心生憐憫，就用張紙將牠裹起來，塞進一個樹洞裡。

兩三年後，這鄉下人又經過這棵樹下，忽然想起那隻虱子，就看看樹洞，發現紙包還好好地放著。他不覺好奇心動，打開紙包一看，只見虱子又枯又癟，像一片薄薄的麩皮。於是，他把虱子放在手掌心上，仔細地看著牠會不會醒轉過來。

不一會兒，只覺掌心奇癢難忍，而虱子則吸飽了血，又開始爬了起來。鄉下人回到家中，掌心癢處隆起一顆硬核，漸漸又腫又痛，沒過幾天，就不治而死了。

心靈哲思

鄉愿式的婦人之仁不足取。

夜遊承天寺

宋《蘇軾文集》蘇軾

有些人在尋找麵包，有些人在尋找逸樂，有些人在求取功名，但所有的人都在尋找安息。

——格蘭列布治

原文

元豐六年十月十二夜，解衣欲睡，月色入户，欣然起行。念無與樂者，遂步至承天寺，尋張懷民；懷民亦未眠，相與步於中庭。庭中如積水空明，水中藻荇交横，蓋竹柏影也。何夜無月？何處無竹柏？但少閒人如吾兩人耳。

譯文

元豐六年十月十二日的夜裡，我正要寬衣入睡，突然見到明亮的月光迤邐入窗，是那樣的皎潔幽美。我喜悅地起身，在月色下漫步欣賞。

想著沒有人跟我共賞這美好的月色，就踏著月光到承天寺找我的好友張懷民，懷民也還沒有入睡，我們兩人便一塊兒在庭院中散步。

這時候，亮潔的月光灑在大地上，整個庭園清幽明亮得好像波光粼粼的池塘，池水裡佈滿著交錯的水草，走近一看，原來是竹子和柏樹的影子啊！

其實哪一個晚上沒有月亮呢？又哪一個地方沒有竹子和松柏呢？只是很少人有像我們這般的閒情罷了！

心靈哲思

人間到處有青山，全看你有沒有那份襟懷和雅興。

籠中鳥

清《鄭板橋全集》鄭燮

有生命之萬物皆厭惡痛苦，皆自認其生命有一定之價值，汝亦在其中——故請尊重生命。

——佛陀

原文

所云不得籠中養鳥，而予又未嘗不愛鳥，但養之有道耳。欲養鳥，使繞屋數百株，扶疏茂密，為鳥國鳥家。將旦時，睡夢初醒，尚展轉在被，聽一片啁啾，如雲門、咸池之奏；及披衣而起，靧面、漱口、啜茗，見其揚翬振羽，倏往倏來，目不暇給，固非一籠一羽之樂而已。大率平生樂趣，欲以天地為囿，江漢為池，各適其天，斯為大塊。比之盆魚籠鳥，其鉅細仁忍何如。

譯文

我並非不愛鳥，但我主張不要把鳥養在籠子裡，而是要用合乎愛鳥的方法來養鳥。想要養鳥，最好在屋子外種上百來棵樹，讓交錯的樹枝和蔭蔽的樹葉成爲鳥兒的世界。當天剛亮時，我們方從睡夢中醒來，仍蜷曲在被窩中，便可聽到一片啁啾聲。那婉轉的鳴叫，好像譜奏出雲門和咸池般諧和的古樂。等到披衣而起，梳洗品茗之際，望著鳥兒們揚起美麗的羽翼，飛來飛去，這種情景，眞是令人眩目，看也看不完。

當然，這種樂趣不是把鳥養在籠中可以比擬的。一般而言，人生樂趣的所在，應該是把視野打開，用天地作庭園，以江水當水池，讓不同的生物生長在適合牠們天然本性的環境裡，這才是極大的樂事；你可以比較一下，用盆子養魚、用籠子養鳥，哪一個寬宏、小氣？又哪一個仁慈、殘忍呢？

心靈哲思

萬物與人類均為生命，人們應該有尊重生命的愛心。

賣宅者

宋《夢溪筆談》沈括

如果沒有小石子，大石頭是不會穩穩當當地躺著的。

——柏拉圖

原文

郭進，倜儻任俠，隨太祖征討，累有戰功。嘗刺邢州。其於邢州城北治第既成，聚族人賓客落之，下至土木之工皆與焉。乃設諸工之席於東廡，群子之席於西廡。人或曰：「諸子安可與工徒齒？」進指諸工曰：「此造宅者。」指諸子曰：「此賣宅者，固宜坐造宅者下也。」進死未幾，果為他人所有。

譯文

郭進是一個不受拘束而講義氣的人，曾隨宋太祖南征北討，立下不少戰功。他在任邢州刺史時，在城北建了一座府第，當新居落成時，他就宴請親友來慶祝，甚至連那些替他蓋房屋的土木工人也在邀請之列。

那天，郭進安排所有的工匠坐在東廂房的上位，自己的兒子卻安排去坐西廂房的次位。人家就質疑他說：「你那幾個孩子的座位，怎麼可以比那些工人的座位還低呢？」

郭進就指著那些土木工人說：「這些都是替我建房屋的人。」然後指著那些孩子說：「這些則是將來要把我的房子賣掉的人。要賣房屋的人當然要坐在建房屋的人的下面啊！」郭進死後未久，他的房屋果然就被人家買去了。

心靈哲思

任何人在世，能有所成功，有所成就，有所享受，都是來自太多人的協助和賞賜，所以做人做事要長存感恩之心。

高山流水

先秦《呂氏春秋》呂不韋

人生貴相知，何必金與錢。

——李白

原文

伯牙鼓琴，鍾子期聽之。方鼓琴而志在太山，鍾子期曰：「善哉乎鼓琴！巍巍乎若太山！」少選之間，而志在流水，鍾子期又曰：「善哉乎鼓琴，湯湯乎若流水。」鍾子期死，伯牙破琴絕弦，終身不復鼓琴，以為世無足復為鼓琴者。

譯文

伯牙善彈七弦琴，是春秋時代有名的琴師。伯牙彈琴時，鍾子期常常在一旁聆賞。起初彈的時候，伯牙神馳泰山，手下弦音便昂揚激勵，磅礡崢嶸。鍾子期歎道：「好極了，琴聲就像巍峨聳立的泰山！」

曲至中闋，伯牙心遊大江，琴聲便如波浪洶湧，一瀉千里。鍾子期手舞足蹈地喝采道：「絕妙啊！我好像看見了浩浩蕩蕩的長江大河！」

後來，鍾子期死了。伯牙聽說後，就把弦割斷，琴摔破，發誓終身再也不彈琴了，因爲他認爲世界上再也沒有一個人能聽懂他的琴聲。

心靈哲思

真正的快樂不在朋友多，而在於有知心摯友。

王子猷訪友

南朝宋《世說新語》劉義慶

君子交有義，不必常相識。

——郭遐叔

原文

王子猷居山陰，夜大雪，眠覺，開室，命酌酒，四望皎然，因起彷徨，詠左思《招隱詩》。忽憶戴安道，時戴在剡，即便夜乘小船就之。經宿方至，造門不前而返。人問其故，王曰：「吾本乘興而行，興盡而返，何必見戴！」

譯文

王子猷住在山陰時，有一天晚上大雪紛紛。他半夜睡覺醒來，打開房門，叫人準備酒。他眺望四方，只見一片潔白的雪色，心中不免有些惘然，就詠唱起左思的〈招隱詩〉，唱著唱著忽然想起了戴逵。當時戴逵住在剡縣，王子猷立刻趁著夜色搭小船前往那裡。

他走了一夜才抵達，但是到了戴家門口卻不敲門，又直搭船回去了。別人問他為什麼，他說：「我原本是隨著興致而來的，興致過了就可以回去了，何必一定要見到戴逵呢？」

心靈哲思

與人相交，重要的是過程而不是結果。溫馨的回憶可以化解我們對感情的過度執著。

荀巨伯探病

南朝宋《世說新語》劉義慶

一個人倒霉至少有這麼一點好處，可以認清誰是眞正的朋友。

——巴爾札克

原文

荀巨伯遠看友人疾，值胡賊攻郡。友人語巨伯曰：「吾今死矣，子可去。」巨伯曰：「遠來相視，子令吾去，敗義以求生，豈荀巨伯所行邪？」賊既至，謂巨伯曰：「大軍至，一郡盡空，汝何男子而敢獨止？」巨伯曰：「友人有疾，不忍委之，寧以我身代友人命。」賊相謂曰：「我輩無義之人，而入有義之國。」遂班軍而還，一郡並獲全。

譯文

荀巨伯到很遠的城鎮去探望一位生病的朋友。正好碰到外族賊兵攻打這個城鎮。朋友勸荀巨伯說：「我眼看是活不成了。你趕快離開吧！」

荀巨伯說：「我大老遠來探望你，你卻叫我這時離去；背棄道義而貪求生存，難道是我荀巨伯應該做的嗎？」賊兵攻入城鎮，對荀巨伯說：「我們大軍到此，全城鎮的人都跑光了，你是什麼人，竟敢單獨留下？」荀巨伯說：「我的朋友臥病在床，我不忍心丟下他不管，能否請你們讓我代他而死？」

賊兵聽到這話，互相議論說：「我們這一幫沒有道義的人，今天來到了一個講道義的地方了。」於是撤離大軍，整個城市都獲得保全。

心靈哲思

身處逆境時為你分憂的朋友，遠勝於在順利時與你共享陽光的人。

孫叔敖與沈尹莖

先秦《呂氏春秋》呂不韋

道有良伴可以縮短行程。

——哥德史密斯

原文

孫叔敖與沈尹莖相為友。叔敖遊於郢三年，聲問不知，修行不聞；沈尹莖謂孫叔敖曰：「說義以聽，方術信行，能令人主上至於王，下至於霸，我不若子也。耦世接俗，說義調均，以適主心，子不若我也。子何以不歸耕乎？吾將為子遊。」

沈尹莖遊於郢五年，荊王欲以為令尹，沈尹莖辭曰：「期思之鄙人有孫叔敖者聖人也，王必用之，臣不若也。」荊王於是使人以王輿迎叔敖，以為令尹，十二年而莊王霸，此沈尹莖之力也。

譯文

孫叔敖與沈尹莖兩人相交爲好友。孫叔敖在郢都遊歷了三年，卻沒有人知道他的音信，他的學識和德行也無人了解。沈尹莖就告訴他：「宣揚政治理念，實踐治國方略，使君主、諸侯們都能信服，這方面我不如你；至於面對社會，和世俗打交道，解釋政治的道理，和領導者溝通，這方面你就不如我了。因此你何不暫時回家耕田，讓我爲你的前途去遊說。」沈尹莖便在郢都遊說了五年，由於他擅長表達而有了名聲；楚王想聘他爲令尹，他卻推辭說：「在期思地方有一個人，名叫孫叔敖，學識品行都很好，可以說是個聖人，大王一定要用他，小臣遠不如他。」於是楚王便派御用車去迎接孫叔敖，任用他作令尹。孫叔敖相楚，使楚國大治，十二年後楚莊王在諸侯中稱霸，這都是來自好友沈尹莖的幫助。

心靈哲思

每人皆有優點，亦有缺失，如果能在朋友間，彼此截長補短，互相提攜，亦不失為一成功之道。

爲友作食

南朝宋《世說新語》劉義慶

嫉妒潛伏在心底，好比毒蛇潛伏在穴中。

——巴爾扎克

原文

服虔既善春秋，將為注，欲參考同異。聞崔烈集門生講傳，遂匿姓名，為烈門人賃作食，每當至講時，輒竊聽戶壁間。既知不能踰矩，稍共諸生敘其短長。烈聞，不測何人，然素聞虔名，意疑之。明蚤往，及未寤，便呼：「子慎，子慎！」虔不覺驚應。遂相與為友。

譯文

服虔，字子愼，擅長解釋《春秋》這部書的精義，也打算把自己的心得，爲它作注解，但他想參考別人對這部典籍的觀點和說法。服虔聽說崔烈正在邀集學生講解《春秋》，就隱姓埋名到崔家當傭人，替學生們煮飯。每當崔烈向學生講解《春秋》時，他都躲在門邊偷聽。不久，服虔自己比較了一下，已經知道崔烈對《春秋》的見解並未超越自己，便逐漸與學生們對這部書的義理較長論短起來。

崔烈聽說了這件事情，但猜不出他是誰來，不過素來就風聞服虔的名聲，心中有些懷疑。次日一大早，崔烈便來到服虔的臥室，乘著服虔睡意仍濃的時候，叫他：「子愼，子愼！」服虔驚醒，在懵懂中應聲回答。於是兩人便成了志趣相投的好朋友。

心靈哲思

要友誼永存，首先必須除去嫉妒之心，進而尊重並效法友人的才德，與友人同喜分憂。

狡猾的蝙蝠

清《雅言》張義臣

獲得朋友的唯一辦法是自己先做別人的朋友。

——愛默生

原文

鳳凰生誕，百鳥朝賀，惟蝙蝠不至。鳳凰責之曰：「汝居吾下，何自傲乎？蝠曰：「吾有足，屬獸，賀汝何也？」一日，麒麟生誕，蝠亦不至。麟責曰：「汝何如不賀？」蝠曰：「吾有翼，屬禽，何以賀歟？」后麟鳳相會，語及蝙蝠之事，乃歎曰：「世間有此刁詐之徒，真乃沒奈他何。」

譯文

鳳凰是百鳥之王。鳳凰生日，百鳥都來朝賀，只有蝙蝠不來。鳳凰問蝙蝠：「你是我的部下，爲何這樣傲慢？」蝙蝠回答：「我有腳能走，屬於獸類，爲什麼要來爲你祝壽？」

過了不久，又碰上麒麟生日。麒麟是百獸之王，百獸都來祝賀，蝙蝠仍舊沒有來。麒麟責問蝙蝠：「別的獸類都來了，你爲何不來？」

蝙蝠回答：「我有翅膀能飛，屬於鳥類，憑什麼要給你拜壽？」

有一天，鳳凰同麒麟相會，談到蝙蝠的事，歎息道：「世間有這般狡猾之徒，眞拿牠毫無辦法。」

心靈哲思

人們常把慣於見風轉舵，腳踏兩條船的人比做蝙蝠，而且，八面玲瓏的人是不會有真正的朋友的。

割蓆絕交

南朝宋《世說新語》劉義慶

結交貴乎慎始。

——程顥

原文

管寧華歆共園中鋤菜，見地有片金，管揮鋤與瓦石不異，華捉而擲去之。又嘗同席讀書，有乘軒冕過門者。寧讀如故，歆廢書出看；寧割席分坐曰：「子非吾友也。」

譯文

管寧和華歆年輕時同在一所私塾求學。有一次，兩人一起在菜園裡種菜，看見地上有一小塊黃金，管寧理都沒有理，就像看到一塊石頭，依然揮鋤不停；而華歆卻把那小金塊撿起來，左右翻看了一會兒，才丟擲出去。

一天，兩人正在讀書，忽然，門外傳來喧嘩聲，原來是一輛非常華麗的官車經過，管寧依舊讀書，好像沒事一般，而華歆卻扔下書本跑出去看熱鬧。因此管寧便把座位上的墊席割成兩半，自己坐到另一邊去，對華歆說：「從現在開始，你不是我的朋友了。」

心靈哲思

道不同不相為謀，志趣不同的人很難成為真正交心的朋友。

千萬買鄰

唐《南史》李延壽

君子居必擇鄰，遊必就士。

——晏嬰

原文

宋季雅罷南康郡，市宅居僧珍宅側。僧珍問宅價，曰：「一千一百萬。」怪其貴，季雅曰：「一百萬買宅，千萬買鄰。」及僧珍生子，季雅往賀，署函曰「錢一千」。閽人少之，弗為通，強之乃進。僧珍疑其故，親自發，乃金錢也。遂言於帝，陳其才能；以為壯武將軍、衡州刺史。將行，謂所親曰：「不可負呂公。」在州大有政績。

譯文

宋季雅被革除南康郡守職務後，買下呂僧珍院子旁邊的住宅。有一天，呂僧珍遇到宋季雅就問他房子的價錢，宋季雅說：「一千一百萬。」呂僧珍奇怪爲什麼這樣貴。宋季雅說：「這其中一百萬是拿來買住宅，一千萬則是買鄰居。」

等到呂僧珍生兒子時，宋季雅前往祝賀，在裝賀禮的袋子上寫著「一千錢」。看門的僕役嫌少不給通報，宋季雅堅持要看門人通報，才得進去。這個舉動引起呂僧珍的懷疑，便親自打開袋子，原來裡面裝的是金飾。於是，呂僧珍就把這件事報告皇帝，並且陳述了宋季雅的才能。

梁武帝聽了之後，就封宋季雅爲壯武將軍，並任命他做衡州刺史。宋季雅臨到要上衡州上任的時候，對他的家人說：「我一定不能做對不起呂公的事。」後來，他果眞不負所望，在衡州刺史的任內，政績非常卓著。

心靈哲思

近朱者赤，近墨者黑，居住必定要選擇鄰居，交朋友必須要選擇好人。

五種朋友

先秦《列子》列禦寇

道義相砥，過失相規，畏友也；緩急可共，死生可托，密友也；甘言如飴，遊戲徵逐，暱友也；利則相攘，患則相傾，賊友也。

——蘇浚

原文

墨杘、單至、嘽咺、憋懯四人，相與游於世，胥如志也，窮年不相知情，自以智之深也。巧佞、愚直、婩斫、便辟四人，相與游於世，胥如志也，窮年不相語術，自以巧之微也。獡犽、情露、謇極、凌誶四人，相與游於世，胥如志也，窮年不相曉悟，自以為才之得也。眠娗、諈諉、勇敢、怯疑四人，相與游於世，胥如志也，窮年不相讁發，自以行無戾也。多偶、自專、乘權、隻立四人，相與游於世，胥如志也，窮年不相顧眄，自以時之適也。

譯文

有默詐、巧言、溫吞、急躁等四個人，整天鬼混在一起，各自任意而為，卻始終不了解對方的個性，都自以為是世界上最聰明的人。有巧佞、愚直、豪放、孤僻等四個人，整天鬼混在一起，各自任意而為，卻始終不互相談話，都自以為是世界上最能幹的人。有多話、訥澀、辯給、碎嘴等四個人，整天鬼混在一起，各自任意而為，卻始終不互相規勸，都自以為是世界上最多謀的人。有古板、推諉、勇敢、怯疑等四個人，整天鬼混在一起，各自任意而為，卻始終不肯互相糾正，都自以為是世界上最正經的人。有大方、自私、鑽營、孤僻等四個人，整天鬼混在一起，各自任意而為，卻始終不肯互相照顧，都自以為是世界上最時髦的人。

心靈哲思

五種類型的人，品貌雖不相同，卻是社會芸芸衆生的縮影，頗發人深省。

卷三

哲理與生死

一切毫無根據的憂慮，
都是不必要的，
它只能讓人陷入
頹廢和混亂的精神狀態。

是誰多事種芭蕉

清《秋燈瑣憶》蔣坦

應該笑著面對生活，不管一切如何。

——胡適

原文

秋芙所種芭蕉，已葉大成陰，陰蔽簾幙；秋來雨風滴瀝，枕上聞之，心與俱碎。一日，余戲題斷句葉上云：「是誰多事種芭蕉？早也瀟瀟，晚也瀟瀟。」明日，見葉上續書數行云：「是君心緒太無聊，種了芭蕉，又怨芭蕉。」字畫柔媚，此秋芙戲筆也。然余於此，悟入正復不淺。

譯文

秋芙所種的芭蕉，葉子已大到有了葉蔭，那葉蔭常常遮蔽窗簾；秋天風雨打在蕉葉上，滴滴答答地響著。夜裡輾轉難眠，聽到窗外風雨打芭蕉的聲音，心裡愁得幾乎要和它一樣破碎。

一天，我開玩笑地寫了幾句詩句在芭蕉葉上：「是誰這麼多事種了芭蕉呢？早上風雨打在葉上，聲聲瀟瀟，晚上也是風雨打在蕉葉上，聲聲瀟瀟。」第二天，只見芭蕉葉上，有人接著寫了幾行詩句：「是你自己心緒太無聊，才會種了芭蕉，又要埋怨芭蕉。」那些很柔美娟秀的字，正是秋芙戲謔的題字。不過卻從這裡，對人生得到不淺的領悟。

心靈哲思

種了因，得了果，世事皆如此。有此頓悟，則種了芭蕉，就不必再多怨芭蕉。

杞人憂天

先秦《列子》列禦寇

煩惱不找你麻煩的話，決不要自找麻煩。

——美國諺語

原文

杞國有人，憂天地崩墜，身亡所寄，廢寢食者。又有憂彼之所憂者，因往曉之。曰：「天積氣耳，亡處亡氣，若屈伸呼吸，終日在天中行止，奈何憂崩墜乎？」其人曰：「天果積氣，日月星宿，不當墜乎？」曉之者曰：「日月星宿，亦積氣中之有光耀者，只使墜亦不能有所中傷。」其人曰：「奈地壞乎？」曉之者曰：「地積塊耳，充塞四虛，亡處亡塊，若躇步跐蹈，終日在地上行止，奈何憂其壞？」其人舍然大喜，曉之者亦舍然大喜。

譯文

杞國有個人擔心天塌下來，地會陷下去，自己會因此沒有容身之地。於是飯也不吃，覺也不睡，整天擔心著。另一個人便勸他說：「天只是氣所積而已，不用憂慮沒有氣。你俯仰呼吸，一天到晚在天地裡行走，爲什麼擔心天塌地陷呢？」那人說：「假如天果然是氣的累積，那麼日月星辰，不會掉下來嗎？」

勸告的人說：「日月星辰也是因氣的累積而有光輝的。即使掉下來也不會傷到人。」那人又說：「可是地要毀壞了怎麼辦呢？」勸告的人說：「地是泥塊所積成的，充滿著四野。不愁沒有土塊，你用腳踏著，整天在地上行行走走，還怕地壞了不成！」那人聽了，心裡一塊石頭落了地，高興得不亦樂乎！勸告的人也放心且歡喜。

心靈哲思

一切毫無根據的憂慮都是不必要的，它只會讓人陷入頹廢和混亂的精神狀態。

鵲巢扶枝

漢《淮南子》劉安

追上未來，抓住他的本質，把未來轉變成現在。

——尼雪夫斯基

原文

夫鵲先識歲之多風也，去高木而巢扶枝。大人過之則探鷇，嬰兒過之則挑其卵。知備遠難而忘近患。

譯文

鵲鳥很聰明，當春天還沒有來的時候，牠就預料到今年夏秋季節一定多風。爲了防患於未然，牠就把自己築在大樹頂上的窩搬到底下的枝椏上。這一來，雖然風吹不落牠的窩了，可是窩離地面是那樣的近，大人經過的時候，總要伸手摸走幾隻小鵲兒；小孩子更調皮，常常用竹竿把鵲蛋從巢窠裡挑出來，搶著吃了。

這是知道防備遠難，卻忘記防備近患啊！

心靈哲思

預防遠患是好的，但忘記近憂也不對。有些人好談遙遠的未來，而對於現實生活卻漫不經心，這不也和鵲鳥一樣嗎？

柳絮因風起

南朝宋《世說新語》劉義慶

大自然是一卷書，它的作者是上帝。

——哈維

原文

謝太傅寒雪日內集，與兒女講論文義。俄而雪驟，公欣然曰：「白雪紛紛何所似？」兄子胡兒曰：「撒鹽空中差可擬。」兄女曰：「未若柳絮因風起。」公大笑樂。

譯文

謝安在一個寒冷的下雪天裡，跟他的子姪們講解評論文章的精義。過了一會兒，雪下得又急又快，謝安高興地說：「這滿天紛紛的白雪像什麼呢？」姪兒謝朗回答：「就像把鹽撒在空中一樣，差不多可以比擬。」姪女謝道蘊回答說：「還不如說它像白茫茫的柳絮，隨著風飄散在空中的情景。」謝安聽了大笑，非常開心。

心靈哲思

試著觀察大自然，以大自然為師，從美的事物中找到美的詞句。

有待有煩

南朝宋《世說新語》劉義慶

最高貴的心，有著最高貴的滿足。

——斯賓諾沙

原文

郗嘉賓欽崇道釋道安德問，餉米千斛，脩書累紙，意至殷勤。道安答直云：「損米，愈覺有待之為煩。」

譯文

郗超對釋道安的品德學問既欽佩又推崇，特地派人奉送一萬斗米供養，並附上長長的一封信，表示殷切的心意。

道安和尚的回信只有一句話：「讓你破費這麼多米，使我更覺得有所依靠的煩惱。」

心靈哲思

活在世間，若是有所求就會有所待，有所待就無法獲得精神上的真正自由。我們不是出家人，做不到完全的無待，但是至少可以努力減少有待的範圍和程度，長期努力於此，心靈也將更為自在。

不材之福

先秦《莊子》莊周

不結果的樹是沒有人去搖的。唯有那些果實纍纍的才有人用石子去打。

——阿拉伯諺語

原文

南伯子綦遊乎商之丘，見大木焉有異，結駟千乘，隱將芘其所藾，子綦曰：「此何木也哉？此必有異材夫？」仰而視其細枝，則拳曲而不可為棟樑、俯而視其大根，則軸解而不可以為棺槨；咶其葉，則口爛而為傷；嗅之，則使人狂酲三日而不已。子綦曰：「此果不材之木也，以至於此其大也。嗟乎神人，以此不材。」

譯文

宋國人南伯子綦到商丘地方去遊覽，道旁見一大樹，虬枝巨幹，濃蔭數畝，來往行人都在樹下休息，可蔭蔽大車百乘，人馬近千。因此子綦就問道：「這是一棵什麼樹呢？這棵樹必然有特殊的用處。」

但仔細一觀察，這棵樹的樹枝，幾乎都彎彎曲曲不能作棟樑；下面大根隆起，瘿瘰滿身，也沒有一段鋸解後可以作棺材；再摘下一片葉子，用舌頭一舔，辛辣無比，口腔內膜成塊潰瘍，劇痛難忍；用鼻子一嗅，一股難聞的氣味，令人欲嘔，三天以內如被酒醉，昏昏然不知東西南北。子綦恍然大悟說：「原來不材也是處世之道，難怪這棵古樹能夠長久矗立，不受砍伐，而長到如此高大。啊！眞是神奇，這一無是處的大樹。」

心靈哲思

處世最好以無用為用，作為大木因為無用，所以能活得久，長得大。不像有些人自以為才華出衆，賣弄自己，結果遭人嫉妒，不得善終。

隱者三樂

先秦《列子》列禦寇

眞正的快樂，是對生活樂觀，對工作愉快，對事業興奮。

——愛因斯坦

原文

孔子遊於太山，見榮啓期行乎郕之野，鹿裘帶索，鼓琴而歌。孔子問曰：「先生所以樂，何也？」對曰：「吾樂甚多：天生萬物，唯人為貴，吾得而為人，是一樂也。男女之別，男尊女卑，故以男為貴，吾既得為男矣，是二樂也。人生有不見日月，不免襁褓者，吾既已行年九十矣，是三樂也。貧者士之常也，死者人之終也；處常得終，當何憂哉？」孔子曰：「善乎！能自寬者也。」

譯文

孔子去遊泰山，在郕村的郊外，遇見隱者榮啓期。他穿著鹿皮縫製的外衣，繫著麻繩腰帶，正在彈琴高歌，那神情眞是一點煩憂都沒有。孔子就問他道：「老先生，你爲什麼這麼快樂呢？」榮啓期回答道：「値得我快樂的事可多著呢！先說在天生萬物之中，人類是最尊貴的，而我能夠生而爲人，這是第一件樂事；其次，人類中雖然有男女的分別，但男尊女卑，而我又能夠生爲男人，這是第二件樂事；雖然同爲人類，但是各人的壽命不同，有的剛生下來，還沒睜開眼就死了。有的還在嬰兒期就夭折了。而我今年已經活到九十歲的高齡，這是我第三件快樂的事。貧窮是讀書人的常情，死是人生的終點，我是安然的在常情中生活，自然的走向人生的終點，又有什麼好煩惱的呢？」孔子很感佩地說：「太好了！眞是一個充滿智慧、懂得生活哲理的人啊！」

心靈哲思

「安於常，怡然而終」，所以不忮不求、不憂不懼地享受人生。

塞翁失馬

漢《淮南子》劉安

一無所有的人是有福的，因爲他將獲得一切。

——羅曼・羅蘭

原文

近塞上之人，有善騎者，馬無故亡而入胡，人皆弔之。其父曰：「此何遽不為福乎？」居數月，其馬將胡駿馬而歸，人皆賀之。其父曰：「此何遽不能為禍乎？」家富良馬，其子好騎，墮而折其髀，皆弔之，其父曰：「此何遽不為福乎？」居一年，胡人大入塞，丁壯者引弦而戰，近塞之人，死者十九，此獨以跛之故，父子相保。故福之為禍，禍之為福，化不可極，深不可測也。

譯文

一對善於騎馬的父子，住在邊塞地區。一天，他們養的一匹馬跑到塞外去了，鄰人替他們感到可惜。父親說：「怎麼知道這不是一件好事呢？」過了幾個月，那匹丟失的馬領著一匹駿美的馬兒回來了，鄰人都來賀喜他們。

父親回答：「怎麼知道這不是一件壞事呢？」一天，兒子跨上駿馬疾馳，一不小心從馬背摔下來，跌斷腿成了跛子，鄰人知道後，紛紛前來慰問。父親說：「也許這是一件好事呢！」一年後，胡人進犯中原，青年們被征召上戰場，大半死在戰場上。兒子因為摔斷腿不用當兵，因此能夠和父親平安地活著。福就是禍，禍就是福，造化是沒有窮盡的，是深不可測的。

心靈哲思

世事無常，所有大好大壞的情緒都是不必要的，因為那可能是極悲極喜的影子。

頭尾爭大

南北朝《雜譬喻經》鳩摩羅什

梔子花的受人愛，只爲了不妄想香氣像玫瑰。

——羅絲勒

原文

昔有一蛇，頭尾自相與諍。頭語尾曰：「我應為大。」尾語頭曰：「我亦應大。」頭曰：「我有耳能聽，有目能視，有口能食，行時最在前，是故可為大。汝無此術，不應為大。」

尾曰：「我令汝去，故得去耳。若我以身繞木三匝，三日而不已。」頭遂不得去求食，飢餓垂死。頭語尾曰：「汝可放之，聽汝為大。」尾聞其言，即時放之。復語尾曰：「汝既為大，聽汝在前行。」尾在前行，未經數步，墮火坑而死。

譯文

有一條蛇，牠的頭和尾巴正怒氣沖沖地爭吵著。頭說：「我應該是老大。」尾巴說：「我才算是老大。」「你作夢！」頭咬牙切齒地說，「我有耳可以聽，有眼睛可以看，有口可以食，爬行時非我在前面不可。你有什麼本事？」「哼！」尾巴冷笑道：「我讓你爬，你才能爬！」「胡說，我照爬不誤！」「好極了，那咱們就試試看。」尾巴說著就將自己在樹幹上緊緊地繞了三圈。頭拼命朝前掙扎，可是無論如何也爬不動。一天兩天過去了，頭吃不到食物，餓得筋疲力盡只得求饒：「快放了吧，我拜你做老大。」尾巴這才放開樹幹。頭又說：「你是老大，理當爬在前面。」於是，蛇就由尾巴往前爬，沒幾丈遠，便掉進一個火坑裡活活燒死了。

心靈哲思

事物有頭有尾，有先後，有主次，硬要越俎代庖爭做老大，是絕對錯誤的。

材與不材

先秦《莊子》莊周

當智慧驕傲到不肯哭泣，莊嚴到不肯歡笑，自滿到不肯看人的時候，就不是智慧了。

——紀伯倫

原文

莊子行於山中，見大木，枝葉盛茂，伐木者止其旁而不取也。問其故，曰：「無所可用。」莊子曰：「此木以不材，得終其天年。」夫子出於山，舍於故人之家。故人喜，命豎子殺雁而烹之，豎子請曰：「其一能鳴，其一不能鳴，請奚殺？」主人曰：「殺不能鳴者。」明日，弟子問於莊子曰：「昨日山中之木，以不材得終其天年；今主人之雁以不材死，先生將何處？」莊子笑曰：「周將處夫材與不材之間。」

譯文

莊子走在山中看見一棵大樹，枝葉長得很茂盛，可是樵夫只是站在樹旁而不動手，莊子覺得很奇怪，問那位樵夫為何不伐這棵樹。「橫看豎看，都沒有用處。」樵夫搖著頭說。

莊子轉向他的學生說：「你們瞭解了吧？這棵大樹，就因為沒有用處，才能夠繁茂當道，享盡它應享的天賦壽命。」下得山來，眾人借住在莊子的朋友家中，朋友很高興他的到來，就叫僮僕殺鵝來款待他，僮僕問他的主人：「園裡有兩隻鵝，一隻會叫，一隻不會叫，應該先殺那一隻？」主人回說：「殺那隻不會叫的吧。」

第二天，學生們質問莊子：「昨天老師說，路旁大樹因沒有用處，方得享盡天年；今天主人家的鵝，卻由於不會叫而被殺，請問老師您要作一個有用的人還是作一個無用的人呢？」莊子笑著說：「我將作一個有用和沒用中間的人。」

心靈哲思

材與不材，雖有幸有不幸，假如順其自然而處世，時隱時現，時進時退，主宰萬物而不為萬物所主宰，也就不會遇到受累了。

水中看來生

佚名

沒有充實的心靈，財富只是一個醜陋的乞丐。

——愛默生

原文

朱鳴虞素豪奢。一日忽有僧踵門請見，朱出迎。僧貌甚古，延之坐，問其何來。僧曰：「吾與君同住空山，修行數十年，竟忘本來面目耶！特來點化耳。」命取三盆清水來，曰：「請君看前生。」視水中一老僧也。「次看今生」，即已形容也；「再看來生」，一瘋丐也。朱大詫。僧曰：「君如再不悟，暴殄天物，雖瘋丐亦不可得矣！」遂出門去，朱急遣人尾之，忽不見。

譯文

有一個叫朱鳴虞的人，平常生活極爲奢侈浪費。有一天，有一個老和尚登門求見，朱鳴虞出門迎接。那和尚說原來和朱鳴虞在空山一起修行了數十年，見他投胎爲人以後，竟忘了本來的面目，特地要來點化他。老和尚叫朱鳴虞拿三盆清水來，叫他看第一盆水說：「請看這是前世的你。」朱鳴虞一看，水中出現的是一個老僧。叫他再看第二盆水，說「這是今生的你。」朱鳴虞一看，盆中出現的是現在自己的人影。又叫他看第三盆水，說「這是你的後世」，朱鳴虞再看，盆水中的出現的是一個瘋顛的乞丐。朱鳴虞大爲驚訝。那和尚就說：「你如再不覺悟，仍繼續浪費糟蹋糧食，來世就是想當瘋丐都得不到。」和尚說完，就走出門去。朱鳴虞急忙叫人去追他回來，豈料那和尚轉眼就不見蹤影了。

心靈哲思

人之通病皆好逸惡勞，所以由儉入奢易，由奢入儉難。若不知惜物惜福，再富有的人也會變得貧窮而開始受苦。

阮光祿焚車

南朝宋《世說新語》劉義慶

財富並不屬於擁有它的人，只屬於享用它的人。

——富蘭克林

原文

阮光祿在剡，曾有好車，借者無不皆給。有人葬母，意欲借而不敢言。阮後聞之，嘆曰：「吾有車而使人不敢借，何以車為？」遂焚之。

譯文

阮裕在剡縣時，曾經擁有一輛裝潢很好的馬車，只要有人來借，他無不應允。鄉裡有人爲母親送葬時，想向他借車又不敢開口。阮裕後來聽說了這事，就慨嘆說：「我雖然有車，卻讓別人不敢來借，我要車子又有何用？」於是放火燒了車子。

心靈哲思

一樣物品，無論如何貴重，總要給人使用的。如果未能讓人使用，同時又造成人我之間的距離與隔閡，那豈不是本末倒置？

漢世老人

三國《笑林》邯鄲淳

金錢像肥料，如不經散布是沒有多大用處的。

——培根

原文

漢世有人，年老無子，家富，性儉嗇。惡衣蔬食，侵晨而起，侵夜而息，營理產業，聚斂無厭，而不敢自用。或人從之求丐者，不得已而入內，取錢十，自堂而出，隨步輒減，比至於外，才餘半在。閉目以授乞者。尋復囑云：「我傾家贍君，慎勿他說，復相效而來。」老人俄死，田宅沒官，貨財充於內帑矣。

譯文

漢朝的時候，有一位富有但很吝嗇的老人。他沒有子嗣，成天只知道賺錢，卻對自己很苛刻，吃的穿的都特別差，對別人更是吝嗇刻薄。

每次叫化子上門討錢，老人往往要磨蹭很長時間，才進屋內拿十枚銅板。往外走兩步，便扣下一枚，等到交出去時，手中只剩下五枚。老人不忍心看見自己的錢送人，閉著眼睛交待說：「我的全部家當都給了你了，走吧！千萬不要告訴別人，不然，我家門口天天都會有人來！」不久，老人去世了，因爲他沒有一個親友，因此官府就將他的所有財產充公。

心靈哲思

金錢是人類抽象的快樂，如果全心全意死守著它，將不能再享受人生實質上的快樂。

齊人攫金

先秦《列子》列禦寇

把黃金握在手裡，勝於將它放在心上。

——孚勒

原文

昔齊人有欲金者，清旦衣冠而之市，適鬻金者之所，因攫其金而去。吏捕得之，問曰：「人皆在焉，子攫人之金何？」對曰：「取金之時，不見人，徒見金。」

譯文

有一個齊國人對金子特別喜歡，眼前常常出現成堆光燦燦的金子。

一天早上，齊國人穿戴整齊，就往市集去，來到賣金子的攤鋪前，伸手抓過金子就往回走，結果被巡邏的衙役當場捉住。

衙役問那個人：「大街上，這麼多的人，在眾目睽睽之下，你怎麼敢大膽下手搶劫呢？」

齊國人回答說：「我拿金子的時候，眼睛沒有看見人，看見的只是金子。」

心靈哲思

物質的誘惑能夠使人喪失理智，不可不戒慎。

好詬食者

明《郁離子》劉基

向別人扔污物的人，把自己弄得最髒。

——富勒

原文

齊人有好詬食者，每食必詬其僕，至壞器，投匕箸無空日。館人厭之，忍弗言。將行，贈之以狗，曰：「是能逐禽，不腆以贈子。」行二十里而食，食而召狗與之食。狗嘷而後食，且食而且嘷。主人詬于上，而狗嘷於下，美食必如之。一日，其僕笑然後覺。郁離子曰：「夫人必自侮，而後人侮之。」又曰：「飲食之人，則人賤之。」斯人之謂矣。

譯文

齊國有個一邊吃飯一邊罵人的人，每次吃飯一定罵他的傭人，甚至摔東西、扔湯匙和筷子，天天都這樣。旅館主人雖然討厭他，卻忍著不說出來。當這個人要離開時，旅館主人送他一隻狗，並且對他說：「這隻狗能打獵，送給你聊表我的心意。」齊人走了二十里後便歇下來吃飯，同時也把狗召來餵食。狗先叫而後吃，而且邊叫邊吃。形成主人在餐桌上面叫罵，而狗在下面叫囂的場面，以後餐餐吃飯都是如此。一天，他的傭人見了不禁失笑，齊人才察覺其中的緣故。郁離子評論說：「人必自取侮辱，而後別人才會羞辱他。」又說：「只重吃喝的人，別人必然瞧不起他。」說的正是這種人啊！

心靈哲思

上行下效，做人要以身作則，否則有樣學樣，像故事中的狗都把主人的習性揣摩得維妙維肖。

三人成虎

先秦《韓非子》韓非

人家的竊竊私語與你何干？讓人家去說長道短，要像一座卓立的塔，決不因爲暴風而傾斜。

——但丁

原文

龐恭與太子質於邯鄲，謂魏王曰：「今一人言市有虎，王信之乎？」曰：「不信。」「二人言市有虎，王信之乎？」曰：「不信。」「三人言市有虎，王信之乎？」王曰：「寡人信之。」龐恭曰：「夫市之無虎也明矣，然而三人言而成虎；今邯鄲之去魏也遠於市，議臣者過於三人，願王察之。」龐恭從邯鄲反，竟不得見。

譯文

龐恭保護魏國太子到趙國邯鄲做人質，出發前龐恭對魏王說：「如國現在有一個人說大街上有老虎，大王相信他的話嗎？」魏王說：「不信。」龐恭又問：「如國兩個人說大街上有老虎，大王相信他們的話嗎？」魏王說：「不信。」龐恭再問：「如果三個人說大街上有老虎，大王相信他們的話嗎？」魏王說：「我相信。」於是龐恭說道：「大街上沒有老虎，這是無庸置疑的，可是說街上有老虎的人多了，就相信街上眞的有老虎了；現在趙國的邯鄲城距離魏都，要比大街離王宮遠多了，說我的閒話的人超過了三個人，希望大王仔細考察，不要輕信。」後來，龐恭完成了陪太子作人質的任務，從邯鄲返回魏國，魏王果然輕信了流言蜚語，竟然不能再見魏王。

心靈哲思

耳根子軟是人類的通病，若缺少明辨是非、思考判斷的能力，就容易為謠言所惑，看不清事情的真相了！

大樂與大苦

宋《資治通鑑》司馬光

酒杯溺死者多於大海溺死者。

——傅勒

原文

齊顯祖之初立也，留心政術，務存簡靖，坦於任使，人得盡力。又能以法馭下，或有違犯，不容勳戚，內外莫不肅然。數年之後，漸以功業自矜，遂嗜酒淫泆，肆行狂暴。帝與左右飲酒，曰：「樂哉！」都督王紘曰：「有大樂，亦有大苦。」帝曰：「何謂也？」對曰：「長夜之飲，不寤國亡身隕，所謂大苦！」

譯文

南北朝時，北齊的齊顯祖是個只知尋歡作樂，醉生夢死的皇帝。

在他剛立爲國君時，留心政事和治國的方法，辦事注重簡約謙恭，用人坦誠相待，所以官員都能盡力國事。又能依法管理差吏，有誰違犯，功臣親族也不寬容，因此朝廷內外沒有不肅然敬畏的。

幾年以後，顯祖漸漸因爲功業自傲，於是嗜酒放縱，任意胡作非爲，顚狂凶暴。有一次，顯祖和身邊的官員一起飲酒，說：「眞是快活哪！」都督王紘卻說：「有大快樂，也會有大痛苦。」顯祖狐疑地問道：「此話怎講？」王紘回答說：「經常這樣整夜地喝酒，還不明白會國亡身死，這就是大痛苦！」

心靈哲思

酒是腐腸之藥，不僅傷身，更會腐蝕精神和意志。一個國家酗酒成風，決不是太平盛世；一個人酗酒成性，定不會奮發有為。

鮑氏之子

先秦《列子》列禦寇

生物要適應外界生活才能爲維持生命。

——達爾文

原文

齊田氏祖於庭，食客千人。中坐有獻魚雁者，田氏視之，乃嘆曰：「天之於民厚矣！殖五穀，生魚鳥，以為之用。」眾客和之如響。鮑氏之子，年十二，預於次，進曰：「不如君言。天地萬物與我並生，類也。類無貴賤，徒以大小智力而相制，迭相食，非相為而生之。人取可食者而食之，豈天本為人生之？且蚊蚋噆膚，虎狼食肉，非天本為蚊蚋生人、虎狼生肉哉！」

譯文

齊國有個姓田的顯赫人物要出遠門前，在庭院裡祭祀路神，有上千個食客參加了祭祀儀式。客人中有人獻上魚雁，田氏看了看，感嘆道：「老天爺對於人類眞是太優待了！繁殖五穀，生育魚鳥，來給人享用。」食客們爭相附和著他。這時有個姓鮑的十二歲小孩，也坐在宴席上，上前對田氏說：「事情不像您說的那樣。天地之間，萬物和我們同時存在，都是物類。物類本沒有貴賤之分，僅僅因爲智能高低、力量大小不同才互相制約，彼此殘食，並不是爲了對方而生存的。人類獵取可以吃的東西自己吃，哪裡是老天爺特地爲人類生育出它們呢？再說，蚊蟲牛蠅可叮咬人的肌膚，虎狼吃肉，也不是老天爺特意爲蚊蚋生育人類，爲虎狼生出可供它們吞食的動物啊！」

心靈哲思

自然絕對不會欺騙我們，往往是我們欺騙了自己。人要順從自然，才能支配主宰自然。

螳螂葉

三國《笑林》邯鄲淳

不知道自己的無知，是雙倍的無知。
——牛頓

原文

楚人貧居，讀《淮南方》，得螳螂伺蟬自障葉，可以隱形。遂於樹下仰取葉。螳螂執葉伺蟬，以摘之。葉落樹下，樹下先有落葉，不能復分別。掃取數斗歸。一一以葉自障。問其妻曰：「汝見我不？」妻始時恆答言「見」。經日乃厭倦不堪，紿云：「不見。」嘿然大喜，齎葉入市，對面取人物。吏遂縛詣縣，縣官受辭，自說本末。官大笑，放而不治。

譯文

有一個很窮的楚人，在《淮南方》讀到一個秘術，說螳螂用來遮身捕蟬的樹葉，如拿來遮身即可隱形。楚人信以爲眞，就在樹下等著撿那螳螂用來捕蟬的葉子。當樹葉掉下時，這人沒接住，而樹下已有滿地的落葉，認不出剛落下的是哪葉。於是，這人就把地上的落葉全掃回家。然後用樹葉一片片地拿來遮身，一次次地問妻子說：「妳有沒有看到我？」開始時，妻子一一老實回答說看得見。經過整天問個不停，妻子煩得受不了，就騙他說：「看不見了！」這窮人一聽大喜，就拿著那片葉子到市場遮住自己，並當面拿人家的東西，以爲人家眞的看不見他。結果被官府的人抓到縣令那裡去。縣令問他原因，他就把事情從實招來。縣官聽了哈哈大笑後，便放了他而未治他的罪。

心靈哲思

慾望人人都有，當然也是無可厚非。但異想天開，想不勞而獲，這種念頭太過天真。

死後佳否

明《五雜俎》謝肇淛

曠達者長壽。

——莎士比亞

原文

宋葉衡罷相歸，日與布衣飲，甚歡。一日不怡，問諸客曰：「某且死，但未知死後佳否。」一姓金人曰：「甚佳！」葉驚問曰：「何以知之？」士人曰：「使死而不佳，死者皆逃歸矣。一死不返，是以知其佳也。」滿座皆笑。

譯文

宋代的葉衡罷相歸後，每天跟一些平民飲酒，十分歡樂。

忽然有一天心裡很不愉快，就問賓客們說：「我快死了，只是不知道死後的日子美不美？」

一位姓金的士人說：「頂好的呢！」葉衡驚訝地問道：「你怎麼知道的？」

姓金的士人回答說：「假如死後的處境不美，那死了的人都會逃回人間來的。現在是誰都一死就不回了，因此死後境遇一定是美好的。」滿座賓客哄堂大笑。

心靈哲思

對死亡耿耿於懷的人，終生必定備受生老病死等自然事實的煎熬，並左右自己生活的安定感。

不死酒

晉《博物志》張華

保持健康的唯一辦法是：吃你所不願吃的東西，喝你所不愛喝的飲料，做你所不想做的事情。

——馬克吐溫

原文

君山有道與吳包山潛通，上有美酒數斗，得飲者不死。漢武帝齋七日，遣男女數十人至君山，得酒，欲飲之。東方朔曰：「臣識此酒，請視之。」因一杯至盡。帝欲殺之。朔乃曰：「殺朔若死，此為不驗；以其有驗，殺亦不死。」乃赦之。

譯文

古時候，在君山與吳包山這兩座山之間有路相通，山上有許多美酒，傳說喝到酒的人可以長生不死。

漢武帝知道了，特別齋戒沐浴了七日，然後派遣了數十個男女遠路到君山去取酒。這些人把酒取回來，漢武帝正要喝的時候，東方朔見了，就向前對武帝說：「臣認得這酒，請讓臣看看。」然後就拿起一杯酒把它喝光了。武帝大怒，下令要把東方朔處死。

東方朔說：「皇上殺我，如果我死了，就表示這酒不靈驗；如果此酒眞有長生不死的效果，即使皇上要殺我，我也不會死。」漢武帝聽了就將他免罪了。

心靈哲思

青春之泉其實在你的心裡。你的身體會衰老，但你的身體並非等於你，你的精神與心態才是真是的自己。

莫如殺人

明《解頤贅語》沈尚白

如果眞有神明，好人不用害怕做得對，只有做錯才害怕。

——海古特

原文

一人盛談論回報論，甚無輕殺，凡一牛一豕，即作牛豕以償，至螻蟻亦罔不然。時許文穆曰：「莫如殺人。」眾問其故。曰：「那一世責償，猶得化人也。」

譯文

有個信佛的人最喜歡談論輪迴報應，逢人就勸說要積善修德，不要殺生。因爲佛經上說過，殺什麼，來世就會變什麼；殺牛變牛，殺豬變豬，即使殺一隻螻蛄，一隻螞蟻，也莫不如此。

有一天，他又在眾人之間高談闊論，說得聽眾頻頻點頭。有一個姓許的先生暗自好笑，插嘴道：「什麼都不要殺，最好去殺人。」

「你這是什麼意思？」大家責問他。

「他不是說殺什麼變什麼嗎？」許先生回答，「那麼今生殺人，來世還變人，不是好得很嗎？」

心靈哲思

迷失於生命輪迴，只著眼於來世的福蔭，而枉顧現世的作為是毫無意義的。

「困」與「囚」

明《古今譚概》馮夢龍

命運不會使我們幸或不幸，全看我們所提供的材料。

——蒙田

原文

徐孺子南昌人，十一歲與太原郭林宗游，同稚還家。林宗庭中有一樹，欲伐去之，云：「為宅之法，正如方口，口中有木，困字不祥。」徐曰：「為宅之法，正如方口，口中有人，囚字何殊？」郭無以難。

譯文

徐孺子，南昌人，十一歲時跟著太原的郭林宗出遊，後來兩人一道回家鄉。郭林宗家的庭院裡有棵樹，郭林宗要砍掉它，說：「建造住宅的規矩，就像正方的『口』字，『口』中有『木』，成了『困』字，這是不祥之兆。」

徐孺子說：「照你這樣說，這院中有人，正方的『口』字中有『人』，成了『囚』字，『困』字不祥，『囚』字不是更不祥嗎？」郭林宗啞口無言，沒法辯駁。

心靈哲思

天命和風水常常是災難與愚行的代罪羔羊，事實上，人們的一切成敗得失都操之在己。

飄茵落溷

宋《資治通鑑》司馬光

所有成功的人都自承是因果論者；他們相信事情不是由於幸運，而是由於定律——相信在因與果的接合連貫中並沒有一個脆弱或破裂的環節。

——愛默生

原文

范縝盛稱無佛。子良曰：「君不信因果，何得有富貴、貧賤？」縝曰：「人生如樹花同發，隨風而散；或拂簾幌墜茵席之上，或關籬牆落糞溷之中。墜茵席者，殿下是也；落糞溷者，下官是也。貴賤雖復殊途，因果竟在何處！」子良無以難。

譯文

范縝極力宣傳世上沒有神佛。迷信的竟陵王肖子良說：「你不信因果報應，為什麼人間會有富貴、貧賤之分？」

范縝說：「人生好比樹上的花，都一齊開放，又隨風飄散；有的輕輕擦過簾帳，落到華貴的車廂的墊席上，有的穿過籬笆掉進糞坑裡。落到墊席上的，就是殿下這一類人；掉進糞坑裡的，就是下官范縝這些人。前者富貴，後者貧賤，際遇雖是如此懸殊，可是因果到底在哪裡！」

肖子良拿不出什麼事實難倒范縝。

心靈哲思

人生的際遇，究竟是要「飄茵」或「落溷」，最後的決定權，主要還是操之在我。

夢與眞

明《陶庵夢憶》張岱

人生應該有夢。

——胡適

原文

昔有西陵腳夫，為人擔酒，失足破其甕。念無以償，癡坐佇想，曰：「得是夢便好！」一寒士，鄉試中式。方赴鹿鳴宴，恍然猶意非真，自嚙其臂，曰：「莫是夢否？」

一夢耳，惟恐其非夢，又恐其是夢，其為癡人，則一也。

譯文

從前西陵地方有一個替人挑酒的腳夫，一天在挑酒的路上，一不小心滑了一跤，竟把酒甕給摔破了。腳夫心裡難過，想著賠也賠不起，便坐在那裡發呆，久久地想著：「要是這是一場夢，就好了！」

另外有個窮書生參加鄉試，中了舉人。當他前往參加慶祝宴的那一天，心中恍惚地總以爲這好像不是眞的，便自己咬自己的手臂，說：「這大概不是夢吧？」同樣是一場夢罷了，有的人怕它不是夢，有的人卻怕它是夢。這兩種人都可以算是痴人啊！

心靈哲思

人生如夢，夢如人生。取其所當取，求其所當求。

渾沌鑿竅

先秦《莊子》莊周

你不要忘了我最喜歡的一句箴言：「自然總是美的」。

——羅丹

原文

南海之帝為儵，北海之帝為忽，中央之帝為渾沌。儵與忽，時相遇於渾沌之地，渾沌待之甚善。儵與忽謀報渾沌之德，曰：「人皆有七竅，以視聽食息，此獨無有，嘗試鑿之。」日鑿一竅，七日渾沌死。

譯文

南海的皇帝名字叫儵，北海的皇帝名字叫忽，中央的皇帝名字叫渾沌。儵和忽常到渾沌那裡相會，渾沌待他們很好。儵忽兩個便商量要報答渾沌的好意。說：「人都有七孔，用來看東西，聽聲音，吃喝食物，呼吸空氣，只有渾沌沒有，我們試試看替他鑿開吧！」於是他們每天鑿一個孔，到了七天，七孔是鑿開了，可是渾沌也沒有命了！

心靈哲思

有和無，有為和無為，一切順其自然。違背事物的規律，只會適得其反。

神龜曳尾

先秦《莊子》莊周

我寧可自由自在地在地獄中漫步，而不願鐵鍊加身環步在天堂內。

——林語堂

原文

莊子釣於濮水，楚王使大夫二人往先焉。曰：「願以境內累矣。」

莊子持竿不顧。曰：「吾聞楚有神龜，死有三千歲矣。王以巾笥而藏之廟堂之上。此龜者，寧其死為留骨而貴乎？寧其生而曳尾於塗中乎？」二大夫曰：「寧生而曳尾於塗中。」莊子曰：「往矣！吾將曳尾於塗中。」

譯文

莊子隱於山東荷澤，時常一人在濮水之濱垂釣。楚王景仰他的聲譽，派了兩位大夫前往拜訪，並代爲致意說：「以先生如此大賢，竟與鄉下人爲伍？楚王有意以國家大事借重閣下，特派我們兩人專誠請您前往。」

莊子持著釣竿凝住浮標，連看都不看他們一眼。口中自言自語的說：「我聽說，你們楚國有一隻大神龜，已經死了三千年。它的殼，現在仍很寶貴，用很華麗的綢絹包裹著，盛在精緻的木盒子裡，陳列在廟堂之上。可是就神龜本身設想，你們兩爲猜一猜，它是願意死而留殼、接受楚王的寶藏呢？還是願意留下一條生命、曳著尾巴、終日徜徉在泥土裡呢？」兩人對看了一眼，說：「當然是留下性命要緊。」「那麼，兩位請回吧！我還是喜歡曳著尾巴，徜徉在泥巴裡。」莊子斷然地說。

心靈哲思

自由自在地活著是最真實的。

髑髏之說

先秦《莊子》莊周

我們稱離開這世界爲死亡，但一旦脫離了這世界，得享受另一世界的快樂，我們便會認爲重回這世界才是眞正的死亡。

——舍羅克

原文

莊子之楚，見空髑髏。髐然有形，撽以馬捶，因而問之。曰：「夫子貪生失理，而為此乎？將子有亡國之事，斧鉞之誅，而為此乎？將子有不善之行，愧遺父母妻子之醜，而為此乎？將子有凍餒之患，而為此乎？將子之春秋，故及此乎？」於是語卒，援髑髏，枕而臥。夜半，髑髏見夢曰：「子之談者似辯士，視子所言，皆生人之累也。死則無此矣。子欲聞死之說乎？」莊子曰：「然。」

髑髏曰：「死無君於上，無臣於下。亦無四時之士，從然以天地為春秋，雖南面王，樂不能過也。」莊子不信。曰：「吾使司命復生子形，為子骨肉肌膚，反子父母妻子閭里知識，子欲之乎？」髑髏深矉蹙額曰：「吾安能棄南面王樂，而復為人間之勞乎？」

譯文

莊子到楚國，看見一具骷髏，空枯成形，他用馬鞭敲敲，問道：「先生是因爲貪生背理而死的嗎？還是因爲國破家亡，被斧頭砍死的？或是你爲非作歹，玷污了你的父母妻子，自殺而死的？還是吃不飽穿不暖，飢寒而死的？也許你是年壽盡了，油乾燈盡而死的呀？」他這樣說完了話，就拿骷髏當枕頭睡覺了。

半夜，莊子夢見骷髏對他說：「你的談話像辯士，不過你說的話，都是活人的累贅，死了就沒有這種麻煩了。你願意聽聽死人的情形嗎？」莊子說：「願聞其詳。」骷髏說：「死了，上面沒有君王，下面沒有臣屬；也沒有四季冷凍熱曬，從容自在和天地一樣長壽，雖然是一國的君王，有沒有這般快樂。」

莊子不相信，說道：「我要閻羅王恢復你的肉身，送你回到父母鄉親朋友那裡，你願意嗎？」骷髏皺起眉頭說：「我怎能放棄君王般的快樂，而回復到人間的勞苦呢？」

心靈哲思

人生有酸甜苦辣，但最重要的是我們不論在什麼情況下，都要追求快樂。

認真

明《艾子後語》陸灼

滾動的石塊不會積聚青苔。

——西勒士

原文

艾子遊於郊外，弟子通、執二子從焉。使執子乞漿於田舍。有老父映門觀書，執子揖而請。老父指卷中「真」字問曰：「識此字，饋汝漿。」執子曰：「真字也。」父怒不與。執子返以告。艾子曰：「執也，未達；通也，當往。」通子見父，父如前示之。通子曰：「此『直八』兩字也。」父喜，出家釀之美者與之。艾子飲而甘之曰：「通也，智哉！使復如執之認真，一勺水吾將不得吞之。」

譯文

艾子攜同他的學生通執二子踏青郊遊，途中忽然感到口渴起來。遙見村頭有一戶人家，一位道貌岸然的老者，正在門口看書。艾子就叫他的學生執子，去討一杯茶水。執子奉命前往，道明來意。老人說：「飲茶容易；我這書中有一字你若認識，當請你進來小憩，否則別想沾唇。」說著，用手指在書頁一個「眞」字上面。執子毫不思索的說：「眞！」老人搖著雙手說：「去去！文盲之徒，恕不招待。」執子羞愧而返，說明經過，並滿腹牢騷。艾子說：「執子未成，通子再往。」通子去見老人，老人仍以前字相示，通子說：「這有何難，你所指的，乃是直八兩字。」老人很高興，除了奉送香茗，還出家門迎接；艾子飲下甘甜的茶水說：「凡事如果像執子一樣不知變通，我將連一杯水也喝不成了。」

心靈哲思

執是事事太「認真」「執著」；通則雖「認真」，但懂得「變通」。智者擁有「通達」的人生觀。

貓號

明《應諧錄》劉元卿

矯揉做作，失去眞實的不是美，充滿了富貴榮華的名利思想，也不是眞美。

——孟德斯鳩

原文

齊奄家畜一貓，自奇之，號於人曰「虎貓」。客說之曰：「虎誠猛，不如龍之神也。請更名『龍貓』！」又客說之曰：「龍固神與虎也，龍生天須雲浮，雲其尚於龍乎？不如名曰『雲』。」又客說之曰：「雲靄蔽天，風倏散之，雲故不敵風也。更名曰『風』。」又客說之曰：「大風飆起，維屏以牆，斯足蔽矣。風其如牆何？名之曰『牆貓』可。」又客說之曰：「維牆雖固，維鼠穴之，牆斯圮矣。牆又如鼠何？即名曰『鼠貓』可也！」東里丈人嗤之曰：「噫！捕鼠者故貓也，貓即貓耳，故為失本真哉！」

譯文

齊奄家裡養頭貓，自以爲這隻貓很奇特，就對別人稱之爲「虎貓」。一位門客勸他說：「老虎的確兇猛，但不如龍神奇。改名爲『龍貓』吧！」又一位勸他說：「龍雖然是神物，但升天必須浮雲，還是叫『雲貓』好！」第三位勸說：「雲彩一遇狂風就被吹散，叫做『風貓』不是更厲害嗎？」第四位說：「風還是會被牆擋住啊！爲什麼不叫做『牆貓』？」第五位說：「再堅固的牆，一被老鼠穿洞，就會倒塌，我認爲應該叫做『鼠貓』。」東街一位老人嗤笑這群人說：「哼！捉老鼠的本來就是貓啊，貓就是貓，你們這些人是故意讓牠失去本來的面目呀！」

心靈哲思

名和實應該是統一的。只圖虛名卻不務本，是不切實際的。

孔子絕糧

先秦《呂氏春秋》呂不韋

沒有調查就沒有發言權。

——毛澤東

原文

孔子窮乎陳蔡之間，藜羹不斟，七日不嘗粒，晝寢。顏回索米，得而爨之，幾熟，孔子望見顏回攫其甑中而食之。選間，食熟，謁孔子而進食，孔子佯為不見之。孔子起曰：「今者夢見先君，食潔而後饋。」顏回對曰：「不可！嚮者煤炱入甑中，棄食不祥，回攫而飲之。」孔子嘆曰：「所信者目也，而目猶不可信；所恃者心也，而心猶不足恃。弟子記之：知人固不易矣！」

譯文

孔子周遊列國，潦倒在去陳國和蔡國的半路上，連野菜湯也喝不到，七天來粒米未進，餓得沒辦法，只好白天睡覺。顏回出去討了一點米回來煮給他吃，等到剛要煮熟的時候，孔子望見顏回從鍋裡抓起一把吃了，孔子假裝沒有看見。過了一會兒，飯煮熟了，顏回端著飯送給孔子吃，孔子站起來說：「今天我夢見我死去的父親，飯要是乾淨的話，我來祭奠他。」顏回說：「不行，剛才有煤灰掉進鍋裡，我覺得扔掉可惜，就把它抓起來吃了，這飯不乾淨。」

孔子聽了感歎地說：「我所信任的是眼睛呀，可是眼睛也不是完全可以信賴的；我所依靠的是心呀，可是心也還不足以完全依靠。弟子們要記住：要認識一個人眞是不容易啊！」

心靈哲思

要真正了解一件事或人，不能光憑感覺，必須理性的多方面去觀察。

哀樂非眞

先秦《列子》列禦寇

時間可以減輕、緩和人們的憂愁。

——西塞魯

原文

燕人生於燕，長於楚，及老而還本國。過晉國，同行者誑之。指城曰：「此燕國之城。」其人愀然變容。指社曰：「此若里之社。」乃喟然而歎。指舍曰：「此若先人之廬。」乃涓然而泣。指壟曰：「此若先人之冢。」其人哭不自禁。同行者啞然大笑曰：「予昔紿若，此晉國耳。」其人大慚。及至燕，具見燕國之城社，真見先人之廬塚，悲心更微。

譯文

一個燕國人，年幼在家鄉出生，卻在楚國長大，一直到年老，方想起落葉歸根，想要返回故國。在還鄉途中，路過晉國，同行的一個人誑騙他：「前面這個城池，便是燕國的都城。」燕人聽他這麼一說，不覺戚然變容。

那人又指前面一個土地公廟，告訴他說：「這個便是你村子裡的土地公廟。」燕人長長歎了一口氣，鼻孔酸了起來。指一間房子說：「這是你的祖宅。」燕人雙淚下垂，泫然而泣。指一座墳墓說：「這便是你先人埋骨之所。」燕人放聲大哭。

那人啞然失笑，告訴他這些都是假的，這還是晉國呢。燕人大罵受騙。及後眞正到了燕國，眞正見到家鄉的城社、廬墓，他的悲思倒變得輕微了。

心靈哲思

喜怒哀樂的情緒一過，到了第二次，那以前所感受的都淡然了。

狂泉

南朝梁《宋書》沈約

惡習是一種有可怕面貌的怪物，只要一見它便會憎惡它；然而見多了，熟習了它的面譜，我們便會首先容忍它，繼而可憐它，然後接納它了。

——波普

原文

昔有一國，國中一水，號曰：「狂泉」。國人飲此水，無不狂；唯國君穿井而汲，獨得無恙。國人既并狂，反謂國主之不狂為狂，于是聚謀，共執國主，療其狂疾，火艾針葯，莫不畢具。國主不任其苦，于是到泉所，酌水飲之，飲畢便狂。君臣大小，其狂若一，眾乃歡然。

譯文

從前，在偏僻的南方有個小國。這個國家裡沒有河流，只有一眼名叫「狂泉」的山泉，凡是喝了泉水的人都會發狂。於是，人民有的癡呆，有的嘻嘻哈哈，有的蓬頭垢面，千姿百態，什麼都有。只有國王，他不飲狂泉水，自己挖了一口井汲水喝，所以全國唯獨他安然無恙。

不久，老百姓發現國王不喝狂泉水，而且言行舉止與眾不同，都認爲國王一定是發了狂，便聚集在一起決議幫國王治療狂病。於是大家湧進王宮，把國王按倒在床上，有的用針亂戳，有的用火艾亂燒，有的拿藥往國王嘴裡塞，有的在國王全身亂擠亂摸。國王被折磨得苦不堪言，只好讓大家架到狂泉邊，喝了幾口泉水。於是舉國上下，無論君臣大小，都狂歡成一片。

心靈哲思

當錯誤的風氣或思潮席捲而來時，它會像狂泉一樣毒害人們的心靈。

土偶與木偶

漢《戰國策》劉向

許多人花了一生的時間去凝視自己的影子，因此便逐漸消滅於暗影中。

——赫爾

原文

有土偶人與桃梗相與語。桃梗謂土偶人曰：「子，西岸之土也，挺子以為人，至歲八月，降雨下，淄水至，則汝殘矣。」土偶曰：「不然，吾西岸之土也，土則復西岸耳。今子東國之桃梗也，刻削子以為人，降雨下，淄水至，流子而去，則子漂漂者將何如耳？」

譯文

一個泥人和一具木偶在河岸上相遇，一言不合便爭吵起來。

木偶指著泥人的鼻子說：「你有什麼了不起？你原不過是西河岸上的一團泥巴，雨季一到，山洪爆發，你就會被水化得不成模樣！」

泥人說：「是啊，我本是西河之土，大水一沖，化成泥土，不過就復歸西岸罷了。而你呢？」泥人拍拍木偶的肩膀，「你是用東國的桃樹樹枝刻削成的，山洪爆發，把你沖走，你順水而去，飄飄蕩蕩，歸宿在哪裡呢？」

心靈哲思

只重外表，華而不實的人，是承受不住大考驗的。我們寧可做腳踏實地的泥人，而不做浮蕩不定的木偶。

反裘負薪

漢《新序》劉向

一滴水只有放進大海裡才永遠不會乾涸，一個人只有當他把自己和群體事業融合在一起的時候才能最有力量。

——雷鋒

原文

魏文侯出游，見路人反裘負芻。文侯曰：「胡為反裘而負芻？」。對曰：「臣愛其毛。」文侯曰：「若不知其裡盡而毛無所恃耶？」

譯文

魏文侯出外郊遊，在路上看到一個行人反穿著皮裘在背馬草。

魏文侯於是問他：「你爲什麼反穿皮裘來背馬草呢？」

那位行人回答道：「因爲我愛惜它的皮毛。」

魏文侯則說：「你難道不知道皮裘的裡子磨光了之後，那些毛就沒有依附的地方了嗎？」

心靈哲思

團隊的利益是「皮」，個人利益是「毛」，皮之不存，毛將焉附？

盲人墜橋

明《應諧錄》劉元卿

過去的習慣決定了今天的你，未來的新習慣將決定你未來的命運。

——石滋宜

原文

有盲子道涸溪，橋上失墜，兩手攀楯，兢兢握固，自分失手必墮深淵已。過者告曰：「毋怖，第放下，即實地也。」盲子不信，握楯長號。久之，力憊，失手墜地。乃自哂：「嘻！蚤知即實地，何久自苦耶！」

譯文

河裡的水早就乾涸了，但是瞎子不知道。他小心翼翼地走上木橋，摸到橋當中，忽然一腳踩空，人整個兒跌落下去，慌忙之中瞎子攀住橋樑，半身已經盪在空中了。他拼命喊救命，兩手抓得緊緊的，以爲一鬆手就要跌落深淵裡。

來往行人看見了，都告訴他：「瞎先生！放開你的雙手，就落實地了。」瞎子根本就不相信，還是淒厲地嚎啕大哭。終於，他精疲力竭，掉了下去。誰知腳踩到的竟是實地，瞎子高興得手舞足蹈，自己罵道：「哎呀，早知道腳下是實地，何必自找苦吃呢？」

心靈哲思

抱殘守闕，固步自封，不願聽從別人的意見，又不知通權達變，結果是自討苦吃。

卷四

處世與學習

天下萬物確實都有一定的道理，
但是必須通過生活上的實踐，
才能認識這些規律。

曾經滄海

先秦《莊子》莊周

愈學習，愈發現自己的無知。

——魯迅

原文

秋水時至，百川灌河，涇流之大，兩涘渚崖之間，不辨牛馬，於是焉河伯欣然自喜，以天下之美為盡在己。順流東行，至於北海。東面而視，不見水端。於是焉河伯始旋其面目，望洋向若而嘆曰：「今我睹子之難窮也，無非至於子之門則殆矣，吾長見笑於大方之家！」

北海若曰：「井蛙不可以語海者，拘於虛也；夏蟲不可以語為冰者，篤於時也；曲士不可語於道者，束於教也。今爾出於崖涘，觀於大海，乃知爾醜，爾將可與語大理矣。」

譯文

秋天，雨水過多，每條大河都漲到警戒線以上；尤其是陝西的涇水，漫溢寬度增至十餘里。隔岸相望，村莊隱約，牲畜行走堤上，連牛馬都分辨不出。

這時，涇水河神大樂，認爲天下河流唯涇水最大；浩瀚汪洋，足可以睥睨群倫。一時游興大發，很想看看海洋，一比高下。於是順流而東，匯集黃河，達於北海。一出河口，突然怔住了。原來海是這樣的寬闊，極目四望，渺無邊際；波濤洶湧，巨浪滔天。自己要與之相比，頓時成了微不足道的細流。於是河神很謙恭地面向海神說：「我太不知量力了，過去自己以爲了不起，今天看到你的淵博高深，玄奧難窮，才知道眞是貽笑大方！」

海神安慰他說：「井底的青蛙，不能同它談論大海，因爲它所見的太過狹窄；夏天的蟲子不能同它談論冰凍，因爲它的感受僅偏重於一時；淺薄之士不能同他談論先賢大道，因爲他所受的教育尚不足深厚。今天你看到大海，尚能發現自己淺陋，已經是難能可貴了。」

心靈哲思

人的眼界和思維，受著外界條件的制約和局限。而宇宙沒有窮盡，世界永不靜止，真理永不會窮盡，人不應自滿，因為世界永遠不會停止變動，而人的各種欲望永遠不可能滿足。

天下何物最善

宋《資治通鑑》司馬光

藏書萬卷可教子，遺金滿籯常作災。

——宋・黃山谷

原文

拓跋珪問博士李先曰：「天下何物最善，可以益人神智？」對曰：「莫若書籍。」珪曰：「書籍凡有幾何，如何可集？」對曰：「自書契以來，世有滋益，以至於今，不可勝計。苟人主所好，何憂不集？」珪從之，命郡縣大索書籍，悉送平城。

譯文

北魏道武帝拓跋珪問擔任經學傳授的博士李先說：「世界上什麼東西最好，可以用來增加人的聰明才智的？」李先回答說：「這沒有什麼東西會勝過書籍的。」

拓跋珪說：「世上的書籍總共有多少？要如何才能收集？」李先說：「自從有文字以來，每個朝代都有增加新的書籍，從古自今，共有多少書籍已無法計算。皇上如果眞的喜歡書，不用擔心收集不來。」於是拓跋珪就下令各縣郡把書收集送到首都平城。

心靈哲思

不斷增加自己的聰明才智，最好的方法就是多讀書，來吸收他人的聰明才智，使它變成自己的聰明才智。

炳燭之明

漢《說苑》劉向

如果不想在世界上虛度一生，那就要學習一輩子。

——高爾基

原文

晉平公問於師曠曰：「吾年七十，欲學，恐已暮矣。」師曠曰：「何不炳燭乎？」平公曰：「安有為人臣而戲其君乎？」師曠曰：「盲臣安敢戲其君乎？臣聞之，少而好學，如日出之陽；壯而好學，如日中之光；老而好學，如炳燭之明。炳燭之明，孰與昧行乎？」平公曰：「善哉！」

譯文

晉平公姬彪對生來就是瞎子的樂師師曠說：「我已經七十歲了，還想學習，恐怕已經太晚了吧？」師曠說：「晚了嗎？爲什麼不點燃蠟燭呢？」

晉平公說：「那有作臣子的卻戲弄他的君主呢？」

師曠說：「我這個雙目失明的人怎麼敢開國君的玩笑呢？我聽說，少年努力學習，就像早晨的太陽；成年努力學習，就像正午的陽光；老年努力學習，有如蠟燭燃燒時的光亮。請問燃燭照明與黑暗中摸索行走，兩者相比哪一樣好呢？」

晉平公說：「你說得太好了！」

心靈哲思

活到老，學到老。學到老，學不了。社會在日新月異，人的知識也要不斷更新。明眸亮眼之人不學無術，才是真正的「睜眼瞎」。

居大不易

宋《太平廣記》李昉

如果是玫瑰，它總會開花的。

——歌德

原文

白居易應舉，初至京，以詩謁著作顧況。況睹姓名，熟視白公曰：「米價方貴，居亦弗易。」乃批卷。首篇曰：「離離原上草，一歲一枯榮，野火燒不盡，春風吹又生。」卻嗟賞曰：「得道箇語，居即易矣。」因為之延譽，聲名大振。

譯文

白居易到京城應考，剛抵京城的時候，以詩去拜見著作郎顧況。顧況看了白居易的姓名，又仔細看了看白居易，說：「這兒米價正貴，想『居住在這兒，恐怕不大容『易』吧！」

說著便翻開白居易的詩來看。第一篇寫的是：「原野上繁茂的青草，每年都枯乾了又成長起來，野火燒不盡它，到了春天，春風一吹，它又開始生長了。」

顧況看了以後，反而大大的讚賞說：「既然能夠寫出這麼好的詩，要居住在這兒就很容易了。」於是替他傳播名聲，白居易因此聲名大噪。

心靈哲思

與其鑽營逢迎，不如以真才實學獲得他人的認同。

老馬識途

先秦《韓非子》韓非

善學者假人之長以補其短。

——呂不韋

原文

管仲隰朋從於桓公伐孤竹，春往冬反，迷惑失道。管仲曰：「老馬之智可用也。」乃放馬而隨之，遂得道。行山中，無水，隰朋曰：「蟻冬居山之陽，夏居山之陰，蟻壤一寸而仞有水。」乃掘地，遂得水。以管仲之聖，而隰朋之智，至其所不知，不難師於老馬於蟻；今人不知其愚心而師聖人之智，不亦過乎！

譯文

管仲和隰朋兩人跟隨齊桓公去討伐孤竹，春天的時候去，到冬天才回來，在路上迷失了方向。管仲說：「老馬的智慧可以利用。」於是釋放老馬，然後軍隊跟著牠走，終於找到原來的路。

在山中行軍，找不到水源，隰朋說：「螞蟻冬天住在山的南邊，到了夏天，就遷徙到山的北邊，螞蟻穴旁的土堆，如果有一寸高的話，往下七尺深的地方，就有水源。」於是往地下挖掘，果然找到了水。

以管仲的聖明，和隰朋的才智，遇到他們不懂的事物，都不惜向老馬和螞蟻學習；現在的人，不知道用自己笨拙的心性來效法聖人的智慧，不也是一項過錯嗎？

心靈哲思

聖人尚且問路於老馬，求水於蟻穴，我們凡夫俗子更應不恥下問，天地萬事萬物，莫不是我們學習的對象。

紀昌學箭

先秦《列子》列禦寇

志不強者智不達。

——墨翟

原文

紀昌者，又學射於飛衛。飛衛曰：「爾先學不瞬，而後可言射矣。」紀昌歸，偃臥其妻之機下，以自承牽挺。二年之後，雖錐末倒眥而不瞬也。以告飛衛。飛衛曰：「未也，必學視而後可。視小如大，視微如著，而後告我。」昌以氂懸虱於牖，南面而望之，旬日之間，浸大也；三年之後，如車輪焉。以睹餘物，皆丘山也。乃以燕角之弧、朔蓬之簳射之，貫虱之心，而懸不絕。以告飛衛。飛衛高蹈拊膺曰：「汝得之矣。」

譯文

紀昌向神箭手飛衛學射箭。飛衛說：「等你的眼睛面對任何東西都不會眨的時候，再來和我談射箭吧。」紀昌回家後，倘臥在妻子的織布機下面盯著針錐練習。兩年之後，終於練到面對針錐也能夠不眨眼。

他去找飛衛。飛衛對他說：「你再回去練習眼力，等你可以把細緻的東西看得很大時再來告訴我。」

紀昌把虱子綁在窗戶上，每天盯著牠看。三年之後，虱子在他眼中就如車輪一般大；他張開弓，輕易地就射穿虱子。飛衛知道後開心的說：「你已得到射箭的竅門了。」

心靈哲思

學貴慎始。學習所有的事物都應先把根基打牢，才能得到紮實的收穫。

奈何姓萬

明《應諧錄》劉元卿

淺學小知，是危險事。

——波普

原文

汝有田舍翁，家貲殷盛，而累世不識之無。一歲，聘楚士訓其子。楚士始訓之搦管臨朱，書一畫，訓曰：「一」字；書二畫，訓曰：「二」字；書三畫，訓曰：「三」字。其子輒欣欣然擲筆歸，告其父曰：「兒得矣！兒得矣！可無煩先生，重費館穀也。請謝去。」其父喜，從之，具幣謝遣楚士。

踰時，其父擬召姻友萬氏姓者飲，令子晨起治狀，久之不成。父趣之。其子恚曰：「天下姓字夥矣，奈何姓萬？自晨起至今，才完成五百畫也。」

初機士偶一解，而即訑訑自矜有得，殆類是已。

譯文

河南汝州地方有一個鄉下人，家裡很有錢，卻連續好幾代子孫都不識字。有一年，這位鄉下富翁，請了一位楚這個地方的老師來教他的兒子識字。這位老師一來，就開始教那孩子執筆臨摹描紅字帖，寫一畫，就跟那孩子說：這是「一」字；寫二畫，就教著說：這是「二」字；寫三畫，就跟孩子說：這是「三」字。

這孩子學到這裡，就很高興地丟下筆，跑回家跟父親說：「我會寫字了！我全都學會了！可以不必再麻煩老師，再多花費敬師米了，就請老師回去好了。」那父親聽了很高興，就照他的話，拿錢給老師，並且把他給辭了。

過了一段時間，這孩子的父親打算請一位姓萬的親戚來喝酒，一大早就把孩子叫起來寫請帖，但他寫了許久仍未寫好。父親前去催促他，只見他憤憤地說：「天下的姓那麼多，什麼姓不姓，為何偏偏姓個萬字？我從早晨起來一直寫到現在，才寫完五百畫而已啊！」

一般初學的人，往往對所學的只有一點了解，就沾沾自喜地以爲自己已經懂得很多了，甚至以爲全學會了，這般人的幼稚無知，就和這位寫「萬」字的孩子一樣。

心靈哲思

讀書、做學問、學技術，一定要腳踏實地去做、去看、去聽，這樣得來的學問才會真實。

刮目相看

宋《資治通鑑》司馬光

少小而學，及壯有爲；壯年而學，及老不衰；老年而學，及死不朽。

——德川家康

原文

初，孫權謂呂蒙曰：「卿今當塗掌事，不可不學！」蒙辭以軍中多務。權曰：「孤豈欲卿治經為博士邪！但當涉獵，見往事耳。卿言多務，孰若孤？孤常讀書，自以為大有所益。」蒙乃始就學。及魯肅過尋陽，與蒙論議，大驚曰：「卿今者才略，非復吳下阿蒙！」蒙曰：「士別三日，即更刮目相待，大兄何見事之晚乎！」肅遂拜蒙母，結友而別。

譯文

孫權在呂蒙打敗曹操軍隊立功回來後，立他爲偏將軍掌尋陽的軍令，權勢大增。又知道呂蒙讀書不多而對他說：「你已經當將軍掌大權，管大事，不可不多做學問多讀書。」呂蒙說：「我的軍務這麼多，那有時間讀書做學問啊！」孫權回說：「又不是要你鑽研經書當經學博士，只是要你多涉獵些書，多知道一些以前的事而已。你說你的公務多，但又有誰比我多？我平日常讀書，自覺獲益良多。」

呂蒙聽了，就開始用心向學。到了有一天，東吳軍師魯肅到呂蒙駐守的尋陽來。與呂蒙討論政務，不禁大驚說：「你現在的才識謀略，已不是當年在吳郡的阿蒙了。」呂蒙聽了魯肅的話，就說：「士別三日，就要讓人另眼相看。大哥你怎麼這麼晚才知道這個道理呢！」於是魯肅拜別呂母，與呂蒙結成好友後，才告別。

心靈哲思

終身學習，篤志向學，是令人刮目相看的不二法門。

木雞德全

先秦《莊子》莊周

世界史上的偉大事蹟，皆是全神貫注所產生的結果。

——愛默生

原文

紀渻子為王養鬥雞。十日而問：「雞已乎？」曰：「未也。方虛憍而恃氣。」十日又問。曰：「未也，猶應嚮景。」十日又問。曰：「未也。猶疾視而盛氣。」十日又問。曰：「幾矣。雞雖有鳴者，已無變矣。望之，似木雞矣，其德全矣。異雞無敢應者，反走矣。」

譯文

紀渻子替周宣王養鬥雞。在第十天周宣王就問道：「雞可以鬥了嗎？」紀渻子答道：「還沒有呢。牠驕傲而自命不凡。」

過了十天又問。紀渻子回答說：「還沒有。牠還怒目相視，氣盛得很。」

又過了十天再問。紀渻子答：「差不多了。雖然有別的雞在叫，牠已經沒有動靜了，看起來像隻木雞哪！其他的雞不敢應戰，見到牠掉頭就逃了。」

心靈哲思

心浮氣躁必然難以成就大事。

梧鼠學技

先秦《荀子》荀況

學百藝者，一無所成。

——法洛爾

原文

梧鼠五能，不成一技。五技者，能飛不能上屋，能緣不能窮木，能泅不能渡谿，能走不能絕人，能藏不能覆身是也。

譯文

田野裡有一種小動物，名叫「梧鼠」，毛色青黃，頭像兔子，尾上有毛。也有人把牠叫做「鼯鼠」或「五技鼠」，因爲牠有五種本領：會飛，會走，會游泳，能爬樹，又會掘土打洞。

但是，牠雖然學會了這幾種本領，卻一種也沒有精通。說牠會飛吧，牠還飛不到屋頂上；會游泳吧，連一條小河也渡不過去；會爬樹，又爬不到樹頂；走呢，還不如人走得快；掘土打洞還不能把自己的身體掩蓋起來。

名義上是學會了五種本領，用起來，卻一樣也不精通，這怎能說牠有本領呢？

心靈哲思

學習貴在鍥而不捨，專一行，愛一行，精一行。想樣樣都會，結果卻是樣樣都不會，我們絕不應做這種「五技而窮」的梧鼠。

鬼斧神功

先秦《莊子》莊周

所謂自我學習，就是要忘卻自己。

——道元禪師

原文

梓慶削木為鐻，鐻成見者驚猶鬼神。魯侯見而問曰：「子何術以為焉？」對曰：「臣工人，何術之有！雖然，有一焉。臣將為鐻，未嘗敢以耗氣也，必齋以靜心。齋三日，而不敢懷慶賞爵祿，齋五日，不敢懷非譽巧拙，齋七日，輒然忘吾有四肢形體也。當是時也，無公朝，其巧專而外骨消。然後入山林，觀天性，形軀至矣，然後成見鐻。然後加手焉；不然則已。則以天合天，器之所以疑神者，其由是與？」

譯文

有個名叫慶的木匠作了一座夾鐘，看到人都驚訝的以爲是鬼斧神功。魯侯見了問道：「你用什麼技術做成的呢？」木匠回答說：「臣只是個木匠，哪有什麼技術？不過，有一點是我要做夾鐘時，不敢耗費精神，必定齋戒來使心靈安靜。齋戒了三天後，並不敢存有獲得封賞爵祿的念頭；齋戒了五天後，還不敢存有批評是非巧拙的念頭；齋戒了七天後，就渾然忘了我還有四肢形體的存在。當精神進入這種境界時，我忘了朝廷的存在，技巧專一而外在干擾也消失了。然後走進山林，觀察樹木本質，找到了外形很適合做夾鐘的樹，一個成形的夾鐘就彷彿在眼前，這時我才動手施工，假如不這樣的話我就不做。如此以我的本質配合那樹木的自然，因而我所作的樂器才被人認爲是神工，大概就是這樣吧！」

心靈哲思

做任何事情，心靜自然成功。

囊螢與映雪

明《笑林廣記》程世爵

釣名沽譽，眩世眩俗，由君子觀之，皆所不取也。

——方孝孺

原文

車胤囊螢讀書，孫康映雪讀書，其貧不輟學可知。一日，康往拜胤，不遇，問家人：「主人何在？」答曰：「到外邊捉螢火蟲去了。」已而胤往拜康，見康立于庭下，問：「何不讀書？」答曰：「我看今日這天色，不像要下雪的光景。」

譯文

晉朝的時候，有個窮書生名叫車胤，家貧買不起油燈，夜裡讀書，就捉螢火蟲裝在紗袋裡照明。還有一個人名叫孫康，冬天常常站在雪地裡，利用白雪的反光讀書。於是，這兩個人苦學的名聲被人們到處傳誦，大家都把囊螢和映雪作爲學習的典範。

有一天，孫康去拜訪車胤正好車胤不在。孫康問家人：「主人到那裡去了？」家人回答：「到河邊捉螢火蟲去了。」

過了幾天，車胤回拜孫康，只見孫康背著雙手閒站在庭院中。車胤問：「你怎麼不讀書呢？」孫康仰頭看天說：「我看今日這個天色，不像要下雪的樣子。」

心靈哲思

苦學出名，卻反而為名所誤，若只顧追求形式，是自己欺騙自己。

王陽明格竹

明《王文成公全書》王守仁

理論是灰色的，生活之樹是常青的。

——歌德

原文

初年，與錢友同論做聖賢要格天下之物。如今安得這等大的力量？因指亭前竹子，令去格看。錢友早夜去窮格竹子的道理，竭其心思，至于三日，便致勞神成疾。當初說，他這是精力不足。某因自去窮格，早夜不得其理；到七日亦以勞思致疾。遂相與嘆聖賢是做不得的，無他大力量去格物了。

譯文

有一天，王陽明在家裡和一個朋友熱烈討論如何悟徹天下萬物的道理做成聖賢。王陽明指著屋前亭子旁邊的竹子，叫他的朋友去面對著竹子思索。

他的朋友就早晚坐在竹子前面，想悟徹其中的道理。由於精力虛耗過多，到了第三天，就病倒了。王陽明還不死心，自己也去靜坐在竹子前面，但是始終悟不出什麼道理來。到了第七天，他也病倒了。

於是，他們兩人都感歎聖賢確實是難以做到，他們也沒有那麼大的力量去悟徹天下萬物的道理。

心靈哲思

天下萬物確實都有一定的道理，但必須通過生活上的實踐，才能認識這些規律。

庸醫斷箭

明《雲濤小說》江盈科

今日之我不惜與昨日之我戰。

——梁啓超

原文

有醫者，自稱善外科。一裨將陣回，中流矢，深入膜內，延史治，乃持并州剪剪去矢管，跪而請謝。

裨將曰：「簇在膜內者須亟治。」

醫曰：「此內科事，不意并責我。」

譯文

從前有一個醫生，自稱擅長外科。軍營裡有位副將在戰場上中了流箭，箭頭深深地刺進筋膜內，痛苦不堪，他立即派人請那位外科醫生來施行手術。

醫生走到床邊，稍一察看，便掏出一把大剪刀，剪去露在外面的半截箭杆，就要辭去。

副將趕忙拉住他說：「箭頭還扎在肉裡面，怎麼不取出來？」

醫生回答：「這是內科的事情，與外科一概無關。」

心靈哲思

人生的歷程是當永遠不斷的求進步，永遠不斷的創新、調整，頭腦僵化，恪守教條是畫地為牢，作繭自縛。

富翁借牛

清《廣談助》方飛鴻

不要企圖無所不知，否則你將一無所知。

——德謨克利特

原文

有走柬借牛于富翁，富翁方對客，讀不識字，偽為啓緘視之，曰：「知道了，小待，我自來也。」旁觀者皆竊以為笑。

譯文

從前，有一個富翁目不識丁，卻最喜歡自附風雅。

有一次，富翁正在大廳裡陪客人，有人送進來一張借柬，向富翁借一隻水牛好耕田。富翁拆開借柬，口中唸唸有詞地看了一遍，隨後對借客點點頭說：「知道了，你稍待一下，等一下我親自來好了。」旁邊的人聽了，都捂著嘴暗暗好笑。

心靈哲思

孔子說：「知之為知之，不知為不知，是知（智）也。」不懂裝懂，即便有時濛混過去，但總會有露出馬腳的時候。

善泳者忘水

先秦《莊子》莊周

重複是學習之母。

——狄慈根

原文

顏淵問仲尼曰：「吾嘗濟乎觴深之淵，津人操舟若神。吾問焉，曰：『操舟可學邪？』曰：『可。善游者數能。若乃夫沒人，則未嘗見舟而便操之也。』吾問焉而不吾告，敢問何謂也？」仲尼曰：「善游者數能，忘水也。若乃夫沒人之未嘗見舟而便操之也，彼視淵若陵，視舟之覆猶其車卻也。覆卻萬方陳乎前，而不得入其舍，惡往而不暇？」

譯文

顏淵問孔子說：「我曾經在觴深淵過渡。那擺渡的船夫撐起渡船來靈光得很。我問他說：『撐船可以學嗎？』他說：『可以，會游泳的人很快一學就會。至於潛水夫就是沒見過船也會航駛。』我再問他，他卻不告訴我，請問這是什麼緣故？」

孔子說：「會游泳的人很快就學會，是因爲他相習成性，習慣了水。至於潛水夫沒有見過船也能航行，因爲他看水像山陵，看船的覆沒，好像車子倒退，翻船倒車種種現象擺在他面前，但不會干擾他的內心，到那兒他不是從從容容的呢！」

心靈哲思

不斷重複的行為很快成為習慣；而當習慣繼續下去，就逐漸地獲得力量了。

太陽的聲音

宋《蘇軾文集》蘇軾

我有八位好朋友，肯把萬事指導我：何事、何故、何人、何如、何時、何地、何去與幾何。若向八賢常請教，雖是笨人不會錯。

——陶行知

原文

生而眇者不識日，問之有目者。

或告之曰：「日之狀如銅槃。」扣槃而得其聲。

他日聞鐘，以為日也。

譯文

有一個生下來便眼瞎的人，對於世間的顏色、形狀、大小以及萬物名稱的含義，一概茫然不知。一天，他聽見兩個人在談論太陽，說得頭頭是道、津津有味；瞎子頗覺新奇，摸著走上前去，很誠懇地請教談話的雙方，指示他太陽究竟是一種什麼樣的東西。

其中一個人告訴他說：「太陽是圓的東西，很像一個銅的盤子。」瞎子對於「圓的」「銅的盤子」兩項比喻，亦覺茫然。這個人無可奈何的再敲敲面前的盤子說：「這樣你懂了吧？」瞎子點點頭，表示懂了。第二天，走在廟宇的前面，正逢和尚晨禱，撞動銅鐘，鏗然一聲。瞎子雀躍地說：「我知道了，這是太陽的聲音。」

心靈哲思

不論學習什麼，都要切實的去研究體驗，不求甚解，只會錯誤百出。

南郭處士

先秦《韓非子》韓非

眞正的美德有如河流，越深越無聲。

——哈利法克斯

原文

齊宣王使人吹竽，必三百人。

南郭處士請為王吹竽，宣王說出，廩食以數百人。

宣王死，湣王立，好一一聽之，處士逃。

譯文

齊宣王叫人吹竽，一定要三百人一齊合奏。

當時在南郭這個地方，有一個百姓，就自動請求要參加吹竽。宣王很高興。由於吹奏樂器的人數眾多，光是政府供給伙食的，就有好幾百人。宣王死了以後，湣王繼位，他喜歡獨奏，叫樂士一個個出來表演。結果，南郭處士就趕快逃走了。

心靈哲思

擁有真才實學才是長久之計，混水摸魚，濫竽充數是經不起考驗的。

以手擊賊

宋《資治通鑑》司馬光

啊！誇獎的話，出於自己口中，那是多麼乏味！

——孟德斯鳩

原文

李嗣源性謹重廉儉。

諸將相會，各自論勇略，嗣源獨默然，徐曰：「諸君喜以口擊賊，嗣源但以手擊賊耳。」

譯文

南唐名將李嗣源的性格穩重，品格清廉，注重節儉。一場大戰下來，將領們聚會在一起，一個個眉飛色舞，口若懸河，滔滔不絕地描繪自己的赫赫戰功，只有李嗣源沉默不語，等大家說夠了，他才慢慢地說：「各位喜歡憑著嘴巴與賊作戰，我只是以手擊賊罷了。」

心靈哲思

戰場上的功勞，是靠一刀一槍搏來的，而不是憑嘴巴吹噓出來的。做事亦如此，慣於自吹自擂，貪天功為己有的人，遲早會被揭露。

驕者致敗

先秦《莊子》莊周

你不要驕傲自滿地在大地上行走，你絕不能把大地踏穿，絕不能與山比高，因爲一山過後還有一山高。

——《古蘭經》

原文

吳王浮於江，登乎狙之山，眾狙見之，恂然棄而走，逃於深蓁。有一狙焉，委蛇攫搔，見巧乎王，王射之，敏給搏捷矢。王命相者趨射之，狙執死，王顧謂其友顏不疑曰：「之狙也，伐其巧，恃其便以敖予，以至此殛也。戒之哉！嗟乎，無以汝色驕人哉！」

譯文

吳王坐船渡過長江，登上猿猴山，群猴看見他都嚇得狼狽而逃，一直逃到佈滿荊棘的深林裡。這時卻有一隻猴子從容不迫地在地上爬，而且故意表演很多技巧給吳王看，當時吳王拿起弓來射牠，牠竟很敏捷地把箭接住。於是吳王就叫隨從幫忙射，最後那隻猴子終於抱著樹幹被射死。

吳王回過頭來對好友顏不疑說：「原本這隻猴子自以爲聰明伶俐，想要仗恃牠的敏捷向我誇耀，結果卻被我射死而喪命。你們大家也要引以爲戒！唉，總而言之一句話，一個人不要用驕傲態度待人。」

心靈哲思

越是沒有本領的就越加自命不凡；只會一點小技倆也不要沾沾自喜，忘了天有多高，地有多厚。

五十笑百步

先秦《孟子》孟軻

左眼看到別人的缺點者，右眼要審視自己。

——巴基斯坦格言

原文

梁惠王曰：「寡人之於國也，盡心焉耳矣。河內凶，則移其民於河東，移其粟於河內。河東凶亦然。察鄰國之政，無如寡人之用心者。臨鄰國之民不加少，寡人之民不加多，何也？」孟子對曰：「王好戰，請以戰喻。填然鼓之，兵刃既接，棄甲曳兵而走，或百步而後止，或五十步而後止，以五十步笑百步，則何如？」曰：「不可！直不百步耳，是亦走也。」曰：「王如知此，則無望民之多於鄰國也。」

譯文

梁惠王很感慨地對孟子說：「我對於治國，可說是盡了苦心了。譬如河內地方荒年，我便將飢民移到河東去；並將其他地方多餘的糧食轉運到河內，幫助生產自救。等到河東遇到荒年，我也是這樣做。仔細考察鄰國的百姓不見減少，而我國人民也不見增多，甚至還越境逃跑？先生，你說這是爲什麼？」

孟子從容地說：「大王好打仗，請聽我用戰爭比喻。兩軍交戰時，戰鼓一響，刀槍相交，就會有士兵丟盔卸甲地逃跑。有的逃了百步，有的跑了五十步。結果，跑五十步的笑百步者爲膽小鬼，大王您以爲如何？」梁惠王說：「這哪行！他只不過是沒跑到一百步而已，和跑了一百步的人一樣是逃跑。」孟子便說：「大王若懂得這個道理，就不要指望人民多於鄰國了。」

心靈哲思

有時候我們不比別人強多少，卻總是埋怨別人得到的比我們多，其實，我們應該自省，想想自己擁有什麼，付出了多少，而不要埋怨自己獲得的太少。

受灸人

南朝宋《世說新語》劉義慶

德行善舉是惟一不虧損的投資。

——亨利・梭羅

原文

顧榮在洛陽，嘗應人請，覺行炙人有欲炙之色，因輟己施焉。同座嗤之。榮曰：「豈有終日執之而不知其味者乎？」

後遭亂渡江，每經危急，常有一人左右己。問其所以，乃受炙人也。

譯文

顧榮住在洛陽時，曾經應邀參加宴會。在用餐時，他發覺負責烤肉的廚師盯著烤肉垂涎三尺，於是就省下自己的那一份，送給廚師吃。同座吃飯的人都嘲笑他。顧榮說：「怎麼可以讓人整天拿著烤肉卻不知道烤肉的滋味呢？」

後來遇到戰亂，顧榮渡江南下避難，每次遇到危急的情況時，常常有一人在身旁出手相救。顧榮問他爲什麼要幫助自己，才發現原來他就是當初接受烤肉的那位廚師。

心靈哲思

常常設身處地地為別人著想，並以實際的行動表達尊重與關懷之意，將來必會獲得善報。

趙人患鼠

明《郁離子》劉基

請記住，人是爲別人而生存的。我的精神生活和物質生活都依賴著別人的勞動，我必須以同樣的份量來報償我所領受的和正在領受的東西。

——愛因斯坦

原文

趙人患鼠，乞貓于中山。中山人予之。貓，善捕鼠及雞。月餘，鼠盡而雞亦盡，其子患之，告其父曰：「盍去諸？」其父曰：「是非若所知也！吾之患在鼠，不在乎無雞。夫有鼠則竊吾食，毀無衣，穿我垣墉，壞傷吾器用。吾將飢寒焉，何病於無雞者？無雞者，弗食則已耳，去飢寒猶遠，若之何而去夫貓也？」

譯文

趙這個地方有一家人受鼠患之累，到中山去向人討了一隻貓來驅趕老鼠。中山這個地方的人所送的貓，很會捉老鼠和雞。過了一個多月，老鼠捉完了，雞也被貓吃光了，趙人的兒子很擔心這隻貓，便告訴他的父親說：「既然已經沒老鼠了，何不除去這隻貓呢？」

他父親回答道：「這其中的道理就不是你所能了解的了；我們的禍害是老鼠，而不在乎有沒有雞可吃。萬一除去貓，鼠患再來，將會偷吃我們的食物，毀壞我們的衣服，在我們的牆壁上鑽洞，咬壞我們的器具，我們就會挨餓受凍。何必爲了擔心沒有雞可吃而除去貓呢？沒有雞，頂多不吃牠罷了，但離挨餓受凍還差得遠呢，怎可因此而除去貓呢？」

心靈哲思

做人究竟不可過河拆橋，恩將仇報，受人點滴則必當湧泉以報。

螳螂捕蟬

漢《說苑》劉向

當天上有雲，聰明人就披上外套。

——莎士比亞

原文

吳王欲伐荊，告左右曰：「敢有諫者死！」舍人有少孺子欲諫不敢，則懷丸操彈，游於後園，露沾其衣，如是者三旦。吳王曰：「子來，何苦沾衣如此！」對曰：「園中有樹，其上有蟬，蟬高居悲鳴，飲露，不知螳螂在其後也；螳螂委身曲附，欲取蟬，而不知黃雀在其傍也；黃雀引頸，欲啄螳螂，而不知彈丸在其下也！此三者皆務欲得其前利，而不顧其後之有患也。」吳王曰：「善哉！」乃罷其兵。

譯文

吳王要攻打楚國，對身邊的臣屬們宣佈說：「敢勸阻的人一律處死！」門客中有個叫少孺的人想勸諫又不敢，就懷揣彈丸，拿上彈弓，在吳王的後花園遊蕩了三天，全身的衣服都被露水打濕了。吳王發現後問道：「你呀，何苦這樣沾濕衣服！」

少孺子回答說：「花園裡有棵樹，樹上有蟬歇在高處悲惋地鳴叫著，叫乏了喝點露水，很是得意，卻不知有隻螳螂正在牠身後；那螳螂曲著身子貼在樹枝上，正準備捉蟬，卻不知道有隻黃雀正在牠附近；那黃雀伸著頸子，正準備啄螳螂，卻不知拿著彈弓的人正在樹下瞄準牠呢！這些小動物都只顧眼前的好處，卻不管牠們身後有災難啊。」吳王聽後若有所悟，於是撤消了攻打楚國的計劃。

心靈哲思

考慮問題眼睛不能光盯著「利」的一面，必須同時要看它「弊」的一面。只有縱觀全局，才能萬無一失。

鴻鶴頸項長

宋《太平廣記》李昉

好人如果受到惡人攻擊，不必沮喪，也不必在意；石頭雖能撞破金杯，金杯仍有價值，石頭仍是低微。

——薩迪

原文

山東人娶蒲州女，多患癭，其妻母項癭甚大。成婚數月，婦家疑婿不慧。婦翁置酒，盛會親戚，欲以試之。問曰：「某郎在山東讀書，應識道理。鴻鶴能鳴，何意？」曰：「天使其然。」又曰：「松柏冬青，何意？」曰：「天使其然。」又曰：「道邊樹有骨拙，何意？」曰：「天使其然。」

婦翁曰：「某郎全不識道理，何因浪往山東？」因以戲之曰：「鴻鶴能鳴者，頸項長；松柏東青者，心中強；道邊樹有骨泔者，車撥傷；豈是天使其然？」婿曰：「請以所聞見奉酬，不知許否？」曰：「可言之。」婿曰：「蝦蟆能鳴，豈是頸項長？竹子冬青，豈是心中強？夫人項下，癭如許大，豈是車撥傷？」婦翁羞愧，無以對之。

譯文

有位山東人娶了一位山西蒲州的女子。蒲州的女人很多頸上長瘤的，這位山東人的岳母的頸上就長了一顆很大的瘤。結婚了幾個月，女子的娘家懷疑女婿不聰明。做岳父的便準備了筵席，想利用這機會考考女婿。

岳父問女婿：「你在山東讀書，應該很知道道理，你說鴻鶴會鳴叫是什麼原因呢？」女婿回答道：「那是天生就這樣的。」岳父又問：「松樹和柏樹，到了冬天仍然青青翠翠的，是什麼原因呢？」女婿仍回答：「那是天生就這樣的。」岳父又問：「那道路旁邊的樹爲什麼又會生節瘤呢？」女婿又回答說：「那也是天生就這樣的！」

岳父聽了，就說：「女婿呀，你實在是不聰明，枉費你在山東讀書？」接著便戲弄他說：「鴻鶴會叫，是因爲牠脖子長得很長；松柏到冬天仍然常青，是因爲它的樹心結實堅強；道路旁邊的樹木會長節瘤，是因爲被車輛撞擦受傷！這那裡是天生如此的呢？」

女婿不客氣地反譏道：「蝦蟆會叫，難道是因爲脖子長嗎？竹子到了冬天也是青綠的，難道是竹心結實堅硬嗎？再說岳母脖子上的瘤長得那麼大，難道也是被車子撞的嗎？」岳父一聽，羞愧得說不出半句話來。

心靈哲思

世界上多的是大智若愚和深藏不露的人，千萬不要隨便看輕人，更不可隨便想欺負人。

虎帶長生枷

清《隻麈譚》胡承譜

不會寬容別人的人，是不配受到別人的寬容的。

——屠格涅夫

原文

某山家土牆下，以穿底石臼作狗竇。虎伏竇外伺狗。狗不出，但從竇內吠。虎急探頭撲狗，則頭以順毛進竇內。狗咋虎鼻，虎負痛，急不能出，大肆咆哮，推倒土牆，首頂臼底，逸入山林。

年餘，獵人見之，臼底由箍頸上，如罪人之負枷者。僉謂「虎帶長生枷」。

譯文

在某個山裡，有一戶人家，在他家的土牆下，以一個破了底的石臼給狗兒做窩。有一天，從山林裡跑來一隻老虎，牠想吃狗兒，於是便伏在洞外等狗兒出來，狗嚇得不敢出來，只是躲在洞裡伏著。

後來，老虎急得不耐煩了，便伸頭進去，想要咬狗兒。這時虎頭已經順著石臼伸入洞裡，進退不得。於是，狗兒便趁機咬老虎的鼻子，老虎一吃痛，急著要把頭給縮回，卻抽不出來，而拚命掙扎大吼，最後終於推倒土牆，脖子上套著石臼逃到山林裡去了。

過了一年多，有個獵人看見那隻老虎，只見那石臼還套在老虎的脖子上，好像犯人戴著枷具一樣。因此，大家都說「老虎帶了長生枷」！

心靈哲思

得放手時須放手，得饒人處且饒人。

梟將東徙

漢《說苑》劉向

改變自己是自救，影響別人是救人。

——證嚴法師

原文

梟逢鳩。鳩曰：「子將安之？」梟曰：「我將東徙。」鳩曰：「何故？」梟曰：「鄉人皆惡我鳴，以故東徙。」鳩曰：「子能更鳴，可矣；不能更鳴，東徙猶惡子之聲。」

譯文

在一處村莊的外圍老樹上，斑鳩遇到了貓頭鷹。

「再見了，斑鳩！」

「你要飛到哪裡去啊？」

「我在這裡，太不受人們歡迎了。村莊上老少人等，都一齊罵我叫聲難聽，拿石子投擲我。我想換個環境，遷徙到東邊的村莊去，也許跟那裡的人可以處得好些。」

斑鳩說：「我看不必吧？假使你自己不能改變你那令人厭惡的叫聲，就是搬到東邊去，東邊的人也是一樣討厭你啊！」

心靈哲思

處理事情，解決問題，必須從根本地方解決。不可只治標不治本。

盜與毆

先秦《尹文子》尹文

人，像子彈，最圓滑的去得最遠。

——利希脫

原文

莊里丈人，字長子曰盜，少子曰毆。盜出行，其父在後，追呼之曰：「盜！盜！」吏聞因縛之。其父呼毆喻吏，遽而聲不轉，但言：「毆！毆！」吏因毆之，幾殪。康衢長者，字僮曰善搏，字犬曰善噬，賓客不過其門者三年。長者怪而問之。乃實對。于是改之，賓客復往。

譯文

一位老人住在鄉下，爲兩個兒子起了一個奇怪的名字。老大叫強盜，老二叫毆打。一天，大兒子強盜出門，老人想起一件事，想把他喊回來，就跟在後面邊追邊喊：「強盜！強盜！」正好有差役經過，聽說是強盜，便把他綁起來。做父親的慌了，急忙叫二兒子毆打去向差役講明緣由，但一時情急，說話轉不過彎來，只說：「毆打！毆打！」差役果然打強盜，幾乎把他打得半死。

大街上還有一位老人，把奴才名叫會抓人，把狗名叫會咬人。結果有三年賓客都不敢上門。老人覺得奇怪，就問爲什麼。有人把這情形老老實實告訴他。於是老人把他們的名字改掉，賓客又重新往來了。

心靈哲思

拙劣的標新立異往往自受其累。

不喜高帽

清《笑笑錄》獨逸窩退士

很多人都知道怎樣奉承，但卻只有少數人知道怎樣讚美。

——菲力浦

原文

世俗謂媚人為「頂高帽子」。嘗有門生兩人，初放外任，同謁老師者。老師謂：「今世直道不行，逢人送頂高帽子，斯可矣！」其一人曰：「老師之言不謬。今之世不喜高帽如老師者，有幾人哉？」老師大喜。既出，顧同謁者曰：「高帽已送去一頂矣！」

譯文

世俗都愛把當面恭維人叫做「戴高帽子」。從前，有兩個學生要離開京城到外地去做官。臨行之前，一起去向老師拜辭。老師教誨說：「如今這世道，走正道是行不通的。你們在地方上做官，對上司不妨以恭維爲主，這叫送高帽子。這樣做，不僅不會得罪人，還容易辦事。」

其中一個學生喟歎道：「老師的話實在不錯。如今這世道像老師這樣不喜歡戴高帽子的，能有幾個人呢？」老師聽後非常高興。

兩人告別老師後，說這話的學生對同伴說：「瞧，高帽子已經送出去一頂了！」

心靈哲思

世人皆喜戴高帽子，用心機刻意去討好阿諛別人，誠屬可恥；但，適當貼切地讚美別人，卻是一種鼓勵。

蛇神

先秦《韓非子》韓非

坦白與虛心能幫助你成功偉大的事業。

——莎士比亞

原文

澤涸，蛇將徙，有小蛇謂大蛇曰：「子行而我隨之，人以為蛇之行者耳，必有殺子者。子不如相銜負我以行，人必以我為神君也。」乃相銜負以越公道而行。人皆避之曰：「神君也。」

譯文

由於天氣炎熱，湖泊裡的水完全乾涸，居住在湖邊的蛇也紛紛準備搬遷。

一條小蛇對大蛇說：「如果您走在前面，我跟在後面，人們就會將我們看成是一般的過路蛇，這會帶給我們危險。要是我們相互用嘴銜著，您將我背在身上趕路，人們就會以爲我們是蛇神，而不敢輕易傷害我們。」

大蛇採納了這個建議。在牠背著小蛇通過馬路的時候，路上的人都急忙讓開，嘴裡不停地嚷著：「蛇神！蛇神！」

心靈哲思

適度地利用別人的長才，坦白自己的困難，可以使人遠離危險。

三虱爭訟

先秦《韓非子》韓非

成大事者，眼光應當看到將來，力量需要用到現在。

——胡華特

原文

三虱食彘，相與訟。一虱過之。曰：「訟者奚說？」

三虱曰：「爭肥饒之地。」

一虱曰：「若亦不患臘之至而茅之燥耳。若又奚患？」於是乃相與眾嘬其身而食之，彘臞，人乃弗殺。

譯文

三隻虱子爲爭奪豬身上的肥沃地盤而吵個不休。

一隻路過的虱子調停說：「節日眼看就要到了，難道你們一點兒也不擔憂人們會宰了這隻豬做祭品，以致連累你們也一併燒死嗎？現在爭地盤又有什麼用？」

三之虱子聽了這話後，茅塞頓開，邀請這隻虱子一起進餐，拼命吸食豬身上的血，使豬因此變瘦。人們終因這頭豬太瘦而放棄將牠做爲祭品的打算。

心靈哲思

凡事眼光要看遠一點，不要只顧眼前。

鄙人遺閉

先秦《呂氏春秋》呂不韋

如果推不動，就拉拉看。

——星野哲郎

原文

魯鄙人遺宋元王閉。元王號令於國，有巧者皆來解閉。人莫之能解。兒説之弟子請往解之。乃能解其一，不能解其一。且曰：「非可解而我不能解也，固不可解也。」問之魯鄙人，鄙人曰：「然，固不可解也。我為之而知其不可解也。今不為知其不可解也，是巧於我。」故兒説之弟子者，以「不解」解之也。

譯文

魯國的一個鄉下人送給宋元公兩個難以解開的連環結。宋元公張榜招賢，卻無人能解開。

兒說的學生請求去解結，倒是解開了一個，另外一個卻解不開。他說：「這個結不是可以解而我解不開，而是解不開的死結啊。」

於是宋元公派人去問送連環結的魯國人這話是否準確。魯國人回答說：「不錯，這個結本來就是解不開的死結，我打這個結的時候，就知道它不可能被解開。說這話的人並沒有親自打這個結，卻看出這是個死結，這人的確比我聰明。」所以兒說的弟子以「不能解的死結」解開了這個結。

心靈哲思

聰明的人做事是從大處著手，小處中用心，但卻不會鑽牛角尖。

引嬰投江

先秦《呂氏春秋》呂不韋

處人不可任己意，要悉人之情；處事不可任己見，要悉事之理。

——呂坤

原文

有過於江上者，見人方引嬰兒而欲投之江中，嬰兒啼。人問其故，曰：「此其父善游。」

譯文

一個遊客路過江邊，看見一個當地人拎起一個啼哭不止的嬰兒，正要往水裡扔。遊客感到奇怪，就問這個當地人爲什麼這樣做，難道不怕小孩淹死嗎？

當地人回答說：「不要緊，這孩子的父親游泳技術特別高，這孩子到江裡肯定不會有問題！」

心靈哲思

做事不知變通，自以為是，往往誤事。

新娘多言

漢《戰國策》劉向

智者說話，因爲他們有話要說；愚人說話，因爲他們想說。

——柏拉圖

原文

衛人迎新婦，婦人車上問：「驂馬，誰馬也？」御曰：「借之。」新婦謂僕曰：「拊驂，無笞服。」車至門，扶，教送母曰：「滅灶，將失火。」入室見臼曰：「徙之牖下，妨往來者。」主人笑之。此三言者皆要言也，然不免為笑者，早晚之時失也。

譯文

有一個衛國人迎娶新娘，新娘一上花車立刻就問：「那匹駕轅的白馬是誰家的？」車夫說：「是借來的。」「借來的馬，不能打喫！」新娘關心鄰居的和睦而如此說。

不久花車到了夫婿的家門口，新娘由人們扶著走出花車，這時她又對圍觀的群眾開口說：「出來趕熱鬧，假若灶火未熄，當心發生火災噢！」圍觀的人，大驚失色。等走到夫家內宅門前，發現一個石臼子；新娘又說：「這個可搬到窗前去，免得礙人走路。」新郎見新娘如此多言，不禁失笑。

事後，鄰人互相評論說：新娘這幾句話，倒都是至理名言：可惜，說得太不是時候了！

心靈哲思

言語貴乎得體，不在多，而是要合情合理更要合時。

楚莊王欲伐陳

漢《說苑》劉向

想要自己開發、發展出一條路，就不應該具有跟別人一樣的想法和行爲。

——盛田昭夫

原文

楚莊王欲伐陳，使人視之。使者曰：「陳不可伐也。」

莊王曰：「何故？」對曰：「其城郭高，溝壑深，畜積多，其國寧也。」

王曰：「陳可伐也。夫陳，小國也，而畜積多則賦斂重，賦斂重則民怨上矣；城郭高，溝壑深，則民力罷矣。」興兵伐之，遂取陳。

譯文

楚莊王想攻打陳國，先派人去探查虛實。探察的人回來後說：「陳國不可以攻伐。」莊王問：「什麼原因呢？」

「因爲陳國的內外城牆都十分高大，城牆外的濠溝十分深險，國內物資積儲豐富，國中安定平靜。」使者回答道。

楚莊王聽了卻說：「寡人倒認爲陳國可以去攻伐。陳國是個小國，積蓄太多，表示國家徵收的賦稅過重，賦稅過重老百姓就會對政府不滿；城牆高大，濠溝深險，則表明爲修築它們，老百姓已精疲力盡。」於是派軍隊去攻打陳國，果然順利地攻取了陳國。

心靈哲思

順向思維一般是對的，但是辦任何事都應將問題具體分析。而某些情況下，逆向思維會有其獨特性和創造性，而且常常收到意想不到的效果。

肚裡玄機

南朝宋《世說新語》劉義慶

忍耐乃禦武之最佳武器。

——傅勒

原文

桓公伏甲設饌；廣延朝士，因此欲誅謝安、王坦之。王甚遽，問謝曰：「當作何計？」謝神意不變，謂文度曰：「晉祚存亡，在此一行。」相與俱前，王之恐狀，轉見於色。謝之寬容愈表於貌，望階趨席，方作洛生詠，諷：「浩浩洪流……」桓憚其曠遠，乃趣解兵。王謝舊齊名，於此始判優劣。

譯文

東晉時的權臣桓溫，事先埋下了伏兵，然後大擺筵席，邀請多位朝中大臣，準備藉此機會殺掉謝安和王坦之。王坦之心中恐懼，就問謝安說：「我們應該如何是好？」謝安神態自然，毫不在意的對王坦之說：「晉朝的國位和命脈的存亡，就在我們此去的表現了。」於是兩人一起向前走去；王坦之心裡的恐懼感愈來愈顯露在臉上，謝安的寬宏氣度卻愈來愈表現在他的舉止上，他望著桓溫府高高的臺階，從容地走進席位裡去，口中吟詠著「浩浩洪流……」的從軍詩句。桓溫看見謝安的神情，竟是這樣的曠達，心中很是猜疑和懼怕；便立即下令解除那些埋伏的甲兵。王謝兩人，以前的名氣相當，經過這次事件之後，便分出高下來了。

心靈哲思

每一個人都應牢記：「危機遲早會來。」只有時刻保持憂患意識，對危機有心理準備，才可能臨危不亂，鎮靜自若；正因為鎮靜地對待危機，才可能在極短的時間內，集中頭腦中的智慧，迅速進行應變對策。

杜襲諫魏王

宋《資治通鑑》司馬光

士不可不宏毅。

——《論語》

原文

襲入欲諫，操曰：「許攸慢吾，如何可置？」襲曰：「殿下謂許攸何如人邪？」操曰：「凡人也。」襲曰：「夫唯賢知賢，唯聖知聖，凡人安能知非凡人邪？方今豺狼當道而狐狸是先，人將謂殿下避強攻弱，進不為勇，退不為仁。臣聞千鈞之弩，不為鼷鼠發機；萬石之鐘，不以莛撞起音。今區區之許攸，何足以勞神武哉！」操曰：「善！」遂厚撫攸，攸即歸服。

譯文

關中營帥許攸不肯歸附曹操，還散佈輕視曹操的言論。曹操大怒，準備放下蜀漢先攻打許攸。杜襲入內想勸諫，曹操卻搶先說：「許攸輕視我，怎麼能放掉他？」杜襲說：「殿下認爲許攸是什麼樣的人呢？」曹操說：「平凡的人。」杜襲說：「只有賢人能了解賢人，聖人能了解聖人，許攸那樣的凡夫俗子怎麼能了解殿下您這樣的非凡人物呢？當前豺狼佔著要道，阻擋殿下成大事，可是殿下卻只管收拾不礙大事的狐狸，別人將會說殿下避開強大的對手而欺負弱小的仇人，打贏了不算勇敢，退下來也不算仁愛。我聽說，千鈞的強弓，不爲鼷鼠而踩動機關；重達萬石的鐘，不會因爲一根草的撞擊而發出聲音。如今小小的一個許攸，哪值得殿下大動神威呢！」曹操說：「你說得好！」於是優厚地撫慰了許攸，許攸果然立即歸服。

心靈哲思

為人行事必須與自己的身份地位相符合，而不可「避強攻弱，進不為勇，退不為仁」。放棄大事不做，與小事去賭氣爭雄，絕對是得不償失的事。

不善者不能知

清《明史》張廷玉

人有兩耳雙目，只有一舌，因此應多聽多看少說。

——蘇格拉底

原文

太祖嘗召問群臣臧否。

濂唯舉其善者曰：「善者與臣友，臣知之；其不善者，不能知也。」

譯文

明太祖朱元璋，是個多猜好忌，城府很深的人。他對身邊及周圍的人，既善於使用，又不肯深信，常常是不動聲色地通過此人了解彼人，通過彼人了解此人，不斷地考察試探各個大臣的心思。

一天，明太祖暗中叫來宰相宋濂，詢問大臣們誰好誰壞。宋濂只說出那些好的人，並且說：「好人和我交朋友，所以我了解他們；那些不好的，我沒辦法知道他們。」

心靈哲思

慎言，原本就是為人處世所應注意的重要戒律。對於好惡態度不明的一些人身批評，尤其要圓滑應對。

不學無術

清《續資治通鑑》畢沅

論人需帶二三分渾厚。

——《呻吟語》

原文

張詠在成都，聞寇準入相，謂僚屬曰：「寇公奇才，惜學術不足耳。」及準知陝，張詠適自成都還，準送之郊，問曰：「何以教準？」張詠徐曰：「《霍光傳》不可不讀。」準莫喻其意。歸，取其傳，讀至「不學無術」，笑曰：「此張公謂我也。」

譯文

寇準是北宋著名的政治家，爲人剛毅正直，思維敏捷，被張詠贊許爲當世奇才，但寇準不大注重學習，知識面不夠寬廣，這在很大程度上限制了寇準才能的發揮。如何將這個中肯的意見告訴寇準，張詠頗費了一番思考。

有一天，張詠在成都，聽說寇準入朝做了宰相，就對僚屬說：「寇公是個奇才，只可惜學術本領不夠啊。」

後來寇準出任陝州知府，張詠剛好從成都回京城，路過陝州，臨走時寇準送他到郊外，問道：「您對我有什麼指教？」張詠慢慢地說道：「《霍光傳》不能不讀。」寇準不明白張詠的用意。回家後就翻出《霍光傳》，看到「不學無術」幾個字，笑著自言自語：「這就是張公要對我說的話啊。」

心靈哲思

予人忠告或批評他人的行為觀念時，應適時適機，委婉間接，留人餘地，避免留下心結，損人害己。

優孟諫馬

漢《史記》司馬遷

語言作爲工具，對於我們之重要，正如駿馬對騎士的重要。最好的駿馬適合於最好的騎士，最好的語言適合於最好的思想。

——但丁

原文

優孟者，故楚人之樂也，長八尺，多辯，常以談笑諷諫。

楚莊王之時，有所愛馬，衣以文繡，置之華屋之下，席以露床，啗以棗脯。馬病肥死，使群臣喪之，欲以棺槨大夫禮葬之。左右爭之，以為不可。王下令曰：「有敢以馬諫者，罪至死。」

優孟聞之，入殿門，仰天大哭。王驚而問其故。優孟曰：「馬者，王之所愛也，以楚國堂堂之大，何求不得？而以大夫禮葬之，薄，請以人君禮葬之。」王曰：「何如？」對曰：「臣請以雕玉為棺，文梓為槨，楩楓豫章為題湊，發甲卒為穿壙，老弱負土，齊趙陪位于前，韓魏翼衛其後，廟食太牢，奉以萬户之邑，諸侯聞之，皆知大王賤人而貴馬也。」王曰：「寡人之過一至此乎？」

譯文

優孟，爲楚國一位名演員，常藉談笑諷諫君王。

楚莊王養有一匹愛馬，平常都披上華麗的綢緞，飼養在華貴的馬棚下面，地上鋪有涼蓆，草料拌以棗脯。不久，這匹有福氣的馬，因爲長得太肥而死了。

莊王大爲痛惜，命令群臣舉哀，預備殮以棺槨，以大夫之禮安葬。群臣力爭，皆以爲不可。莊王非但不聽，還下詔通令：「誰敢以馬事進諫的，一律賜死。」

優孟聽說了，闖進王宮就嚎啕大哭。莊王吃驚地問他爲什麼哭，優孟回答：「馬是大王心愛的，以堂堂楚國這樣的大國，哪裡求得到的，我看以大夫之禮安葬未免太薄，最好以國君之禮安葬。」

莊王認爲言語投機，笑著說：「你看怎樣葬法？」優孟說：「大王可以以雕玉爲棺，紅木爲槨，調集全國工兵開壙，全國老弱婦孺來挑土。出葬那天，要齊、魏、韓諸侯執紼，入祀太廟，還要追封牠一個萬戶侯的諡號，這樣就可以使天下人都知道大王賤人而重畜的誠意……」莊王趕快攔著他說：「先生，寡人知罪了。」

心靈哲思

指責他人的過失時，如果一味氣憤地責罵，不但不具說服作用，反而易引起對方的不滿；曉之以理、動之以情、用謀誘導都不失為有效的方法。

豎習與易牙

漢《說苑》劉向

那個無端踩死一條小蟲的人，我不會列進朋友的名單裡。

——顧伯

原文

管仲有疾，桓公往問之曰：「仲父若棄寡人，豎習可使從政乎？」對曰：「不可！豎習自刑以求入君，其身之忍，將何有於君。」公曰：「然則易牙可乎？」對曰：「易牙解其子以食君，其子之忍，將何有於君，君用之必為諸侯笑。」及桓公歿，豎習、易牙乃作難，桓公死六十日，蟲出於户而不收。

譯文

管仲生病了，齊桓公前去慰問他，說：「仲父如果棄我而去，豎習可以執掌政事嗎？」

管仲回答說：「不可以！豎習自己主動割掉生殖器，以求能夠入宮作太監，得國君的任用。他連自己的身體都可以傷害，對國君還有什麼不忍心做的呢？」

桓公又問：「那易牙可以嗎？」

管仲回答說：「易牙殺死自己的兒子烹煮給國君吃，他連自己的兒子都忍心殺死，對於國君還有什麼不忍心做的呢？如果您重用他們，一定會被諸侯嘲笑。」

等到桓公死了，豎習和易牙果然開始作亂，桓公死了六十天，屍體上的蛆蟲都爬到宮門外，也沒人爲他收屍埋葬。

心靈哲思

為了取得別人的信賴和讚賞，做出違反情理的舉動，這樣的人絕對要對他保持戒心。

捉刀英雄

南朝宋《世說新語》劉義慶

要眞正了解一個人，必須多方面去觀察。

——林肯

原文

魏武將見匈奴使，自以形陋，不足雄遠國，使崔季珪代，帝自捉刀立床頭。既畢，令間諜問曰：「魏王何如？」匈奴使答曰：「魏王雅望非常，然床頭捉刀人，此乃英雄也。」

譯文

魏武帝曹操準備接見匈奴使者時，自覺相貌醜陋，不足以在外國人面前顯示威武，就派崔琰代替他坐在王位上，自己則握刀站在主位旁邊。接見完後，他派間諜去問匈奴使者說：「你看魏王怎麼樣？」這位使者回答說：「魏王固然相貌堂堂，但是他座位旁的握刀人，才是眞正的英雄啊！」

心靈哲思

「人不可貌相，海水不可斗量」僅從一個人的外表來判斷一個人是不夠的，應該通過行為舉止來洞察內在的實質，這才是客觀的方法。

居下猶土

漢《說苑》劉向

凡過於把幸運之事歸功於自己的聰明和智謀的人多半是結局很不幸的。

——培根

原文

子貢問孔子曰：「賜為人下，而未知所以為人下之道也。」

孔子曰：「為人下者，其猶土乎！種之則五穀生焉，掘之則甘泉出焉，草木植焉，禽獸有焉，生人立焉，死人入焉，多其功而不言。為人下者，其猶土乎！」

譯文

子貢問孔子說：「我端木賜爲人臣子，但是卻不知道爲人臣子的道理。」

孔子說：「作臣子的，就如同土地一樣。在土地上面播下種子就會長出五穀，向地下挖掘就會湧出泉水，草木依賴它生長，禽獸依賴它繁衍，人類活著的時候靠它生存，死後靠它埋葬。土地的功勞非常多，但從不表功，做人家的臣子，就應該像土地一樣啊！」

心靈哲思

為人部屬最忌好大表功。做一個人，也應該像大地一樣，默默奉獻而不表功。

樹楊拔楊

先秦《韓非子》韓非

毋以身貴而賤人，毋以家富而驕人。

——陶覺

原文

陳軫貴於魏王。

惠子曰：「必善事左右。夫楊，橫樹之即生，倒樹之即生。折而樹之又生。然使十人樹之，而一人拔之，則毋生楊矣。至以十人之眾，樹易生之物，而不勝一人者，何也？樹之難而去之易也。子雖工自樹於王，而欲去之者眾，子必危矣。」

譯文

縱橫家出身的陳軫深受魏王的信任與重用。

惠子對陳軫的處境感到擔憂，就告誡他說：「楊樹是非常容易活的樹種，橫著、豎著，那怕是倒著栽，都能活下來。但是，如果有一個人栽樹十個人拔樹的情形時，楊樹可能一棵也活不成。之所以如此，是因爲種樹難，而拔樹容易。你雖然把自己種在君主的跟前，可是想拔掉你的人卻很多，你就會有大麻煩了。」

心靈哲思

待人處事切不可鋒芒過於畢露，顯出咄咄逼人之勢；切不可惟我獨尊，不要忘記「能人背後有能人」。凡狂妄者，均樹敵多，成為衆矢之的，對自己、對事業均無半點益處。

水滴石穿

宋《鶴林玉露》羅大經

患生于所忽，禍起於細微。

——《說苑》

原文

張乖崖為崇陽令，一吏自庫中出，視其鬢旁巾下有一錢，詰之，乃庫中錢也。乖崖命杖之。吏勃然曰：「一錢何足道，乃杖我耶？爾能杖我，不能斬我也！」乖崖援筆判曰：「一日一錢，千日一千，繩鋸木斷，水滴石穿！」自仗劍下階斬其首。

譯文

張乖崖任崇陽縣縣令，一天，有一個看守官庫的小吏從官庫出來，只見他鬢旁頭巾下掛著一文錢，盤問他後，才知原來是官庫裡的錢。

張乖崖便下令對小吏施杖刑。小吏臉色大變，十分氣憤地說：「一文錢值得什麼，竟對我施杖刑？你雖然杖打我，但諒你也不能殺我！」

張乖崖提筆判決道：「一天偷一文錢，看上去算不得什麼，但一千天就是一千文；繩子雖然很鈍，但日子久了也能夠將木頭鋸斷；水從上往下滴，雖然沒有多大力量，但不停地滴下去也可以把石頭滴穿。」隨後親自提著劍走下台階砍下小吏的腦袋。

心靈哲思

當發現問題時，無論是多小的毛病，均得即刻解決，防微杜漸，才是防止災禍發生的要訣。這點也是生存在現實社會中，應具備的智慧。

九方堙相馬

漢《淮南子》劉安

人云亦云，絕非我的行事風格。

——施振榮

原文

秦穆公謂伯樂曰：「子之年長矣，子姓有可使求馬者乎？」對曰：「臣有所與供擔纏采薪者九方堙，此其于馬，非臣之下也。請見之。」穆公見之，使之求馬。三月而反報曰：「已得馬矣，在于沙邱。」穆公曰：「何馬也？」對曰：「牡而黃。」使人往取之，牝而驪。穆公不說，召伯樂而問之曰：「敗矣！子之所使求者，毛物、牝牡弗能知，又何馬之能知？」

伯樂喟然大息曰：「一至此乎？是乃其所以千萬臣而無數者也。若堙之所觀者天機也，得其精而忘其粗，在內而忘其外，見其所見而不見其所不見，視其所視而遺其所不視。若彼之所相者，乃有貴乎馬者。」馬至而果千里之馬。

譯文

秦穆公要托人找千里馬。伯樂把他的朋友九方堙介紹給穆公。九方堙拜見穆公之後，就奉命四處找馬。過了三個月，他回來覆命：「馬已經找到了，在沙丘地方。」穆公問道：「你找到的是一匹怎樣的馬呢？」九方堙答道：「是一匹黃色的公馬。」

穆公派人去沙丘取馬，去的人回報說，是一匹黑色的母馬。穆公聽了，很不高興，馬上把伯樂召來，責備他說：「糟透了！你介紹的那位求馬的人，連馬的黃、黑、公、母都分辨不清楚，怎麼能鑒別馬的好壞呢？」

伯樂嘆了一口氣，答道：「難道是這樣的嗎？這正證明九方堙的相馬技術比我還要高明。因爲他對馬的觀察，已經深入地看到了馬的一種『天機』，他取其精要而忘其粗鄙，注重內在而忘了外表，他重視馬的風骨品格等主要東西，而把馬的毛色公母等次要東西丟開了。我這朋友的相馬技能眞是難能可貴的啊！」

後來馬取來了，果然是一匹天下無敵的千里馬。

心靈哲思

看事情不要徒重表面形式，人們應該學習用多角度去思考事情，而非光是接受傳統的觀念和做事方法。

笑拒古鏡

清《續資治通鑑》畢沅

遠法庭，則可免憂慮。

——湯姆生

原文

朝士有藏古鏡者，自言能照二百里，欲獻蒙正以求知。蒙正笑曰：「吾面不過碟子大，安用照二百里哉！」聞者嘆服。

譯文

朝中有位官員收藏了一面古鏡，他自己誇口說這面鏡子能照兩百里遠，準備獻給呂蒙正，以得到呂蒙正的知遇。

呂蒙正笑著說：「我的臉不過碟子大，哪裡用得上能照兩百里遠的鏡子呢！」聽到了這話的人都讚嘆佩服他。

心靈哲思

拒禮是一門不可忽視的藝術。過於嚴厲，則沒有人情味；但過於含糊，則無異於默認，拿人手軟，會使自己越陷越深。須知貪多者必定失多。

惡事行千里

宋《北夢瑣言》孫光憲

人的美德的榮譽，比他財富的榮譽，不知大多少倍。

——達芬奇

原文

晉相和凝，少年時好為曲子詞，布於汴、洛。洎入相，專托人收拾焚毀不暇。然相國厚重有德，終為豔詞玷之。契丹入夷門，號為曲子相公。所謂「好事不出門，惡事行千里」，士君子不得不戒之乎？

譯文

後晉宰相和凝，年輕時喜歡寫豔俗的曲子詞，而且流傳於汴京和洛陽一帶。等到和凝作了宰相，便派專人加緊收回和焚燬這些曲子詞。雖然宰相爲人穩重，道德高尙，但到底還是被豔詞所玷辱了。

當契攻入汴京時，便譏諷和凝，管他叫：「曲子宰相」。

這個例子，正如人們所說的，「好事不出門，壞事傳千里」，志士君子能不以爲戒嗎？

心靈哲思

智者寧可防病於未然，不可治病於已發；同樣的道理，寧可勉力克服困境，免得將來為了一時的過錯而傳千里。

e世代的智慧觀，二十一世紀風采呈現

經典智慧系列

② 從名言中學智慧

・賴純美／編著

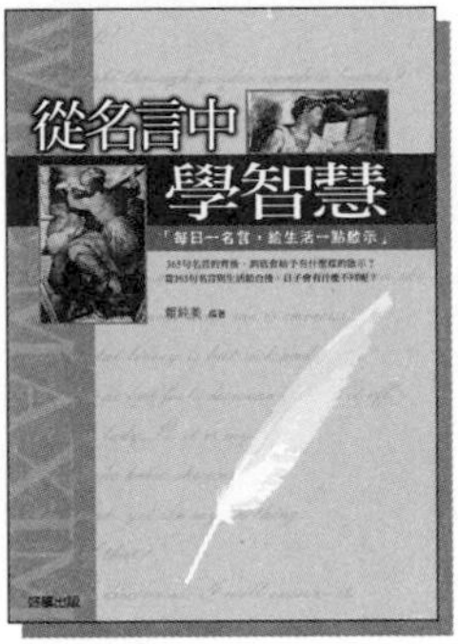

在這本書中，作者蒐集365則名言，充滿深遠的哲理，也蘊藏對生命和生活透徹地領悟，依照不同的性質，而排成十二篇幅；智慧、憂鬱、幸福、愛情、快樂、待人處世、學習、工作、自信、行動、成功、人生，看作者如何以簡單深具哲理的文字來闡釋名言，開啓人們清明的智慧，使它變為正面生活態度:能積極面對人生的挫折。

定價／300元　特價／199元　正25K／400頁

神話誌系列

① 希臘羅馬神話故事

・黃晨淳／編著

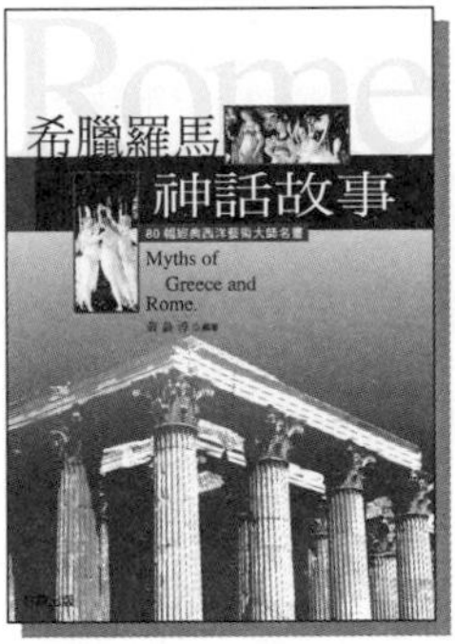

希臘羅馬神話故事是歐洲藝術的源泉，詩篇以其為題材，繪畫與雕刻以它為描繪的原型，許許多多精彩的文學作品，更以它的人物和事蹟為內容，它們在人們的心中，早已佔著永恆的位置。是值得您細細品味，精選80幾幅歐洲藝術史上知名畫家繪畫，如堤香、哥雅、柯辛、拉斐爾等。圖文並茂，內容精彩，深具閱讀與收藏價值。

定價350元　特價／199元　正25K／512頁

國家圖書館出版品預行編目資料

點燃哲人的智慧／黃晨淳編著.-- 初版.
臺中市：好讀，2001[民90]
面：　　公分，（經典智慧;03）

ISBN 957-455-043-5（平裝）

192.1　　　　　　90011684

經典智慧 03

點燃哲人的智慧

編　　著／黃晨淳
文字編輯／葉孟慈
美術編輯／許心怡
發行所／好讀出版有限公司
台中市407西屯區何厝里19鄰大有街13號
TEL:04-23157795　FAX:04-23144188
e-mail:howdo@morningstar.com.tw
http://www.morningstar.com.tw
法律顧問／甘龍強律師
印製／知文企業（股）公司　TEL:04-23581803
2001年9月30日　初版發行
定價：250元
特價：199元

總經銷／知己圖書股份有限公司
郵政劃撥：15060393
台北公司：台北市106羅斯福路二段79號4樓之9
TEL:02-23672044　FAX:02-23635741
台中公司：台中市407工業區30路1號
TEL:04-23595819　FAX:04-23597123

Published by How Do Publishing Co.LTD.
2001 Printed in Taiwan

ISBN 957-455-043-5

讀者迴響

*書名：*______________

1. 姓名：__________ □♀ □♂ 出生：____年____月____日
2. 我的專線：（H）__________ （O）__________

   FAX __________ E-mail __________
3. 住址：□□□__________
4. 職業：

   □學生 □資訊業 □製造業 □服務業 □金融業 □老師

   □SOHO族 □自由業 □家庭主婦 □文化傳播業 □其他______
5. 何處發現這本書：

   □書局 □報章雜誌 □廣播 □書展 □朋友介紹 □其他______
6. 我喜歡它的：

   □內容 □封面 □題材 □價格 □其他______
7. 我的閱讀嗜好：

   □哲學 □心理學 □宗教 □自然生態 □流行趨勢 □醫療保健

   □財經管理 □史地 □傳記 □文學 □散文 □小說 □原住民

   □童書 □休閒旅遊 □其他
8. 我怎麼愛上這一本書：

   ____

   ____

   ____

『輕鬆好讀，智慧經典』

有各位的支持，我們才能走出這條偉大的道路。

好讀出版有限公司編輯部　謝謝您！

請填妥後對折裝訂，直接投郵即可，免貼郵票。

廣告回函
台灣中區郵政管理局
登記證第3877號
免貼郵票

好讀出版社　編輯部收

407 台中市西屯區何厝里大有街13號1樓
電話：04-23157795　傳真：04-23144188
E-mail:howdo@morningstar.com.tw

新讀書主義—輕鬆好讀，品味經典

請沿虛線摺下裝訂，謝謝！

更方便的購書方式：

(1)信用卡訂購　填妥「信用卡訂購單」，傳眞或郵寄至本公司。
(2)郵 政 劃 撥　帳戶：知己圖書股份有限公司 帳號：15060393
在通信欄中塡明叢書編號、書名及數量即可。
(3)通 信 訂 購　塡妥訂購人姓名、地址及購買明細資料，連同支票或匯票寄至本社。

◉單本以上9折優待，5本以上85折優待，10本以上8折優待。
◉訂購3本以下如需掛號請另付掛號費30元。
◉服務專線：(04)23595819-231　FAX：(04)23597123
◉網　　址：http://www.morningstar.com.tw